KB200373

성경 머니?

성경 머니?

지은이 · 손봉석
초판 발행 · 2019. 3. 13
2쇄 · 2019. 3. 19
등록번호 · 제1988-000080호
등록된 곳 · 서울특별시 용산구 서빙고로 65길 38
발행처 · 사단법인 두란노서원
영업부 · 2078-3333 FAX080-749-3705
출판부 · 2078-3331

책 값은 뒤표지에 있습니다.
ISBN 978-89-531-3431-7 03230

독자의 의견을 기다립니다.
tpress@duranno.com   http://www.Duranno.com

두란노서원은 바울 사도가 3차 전도여행 때 에베소에서 성령 받은 제자들을 따로 세워 하나님의 말씀으로
양육하던 장소입니다. 사도행전 19장 8-20절의 정신에 따라 첫째 목회자를 돕는 사역과 평신도를 훈련시
키는 사역, 둘째 세계선교(TIM)와 문서선교(단행본·잡지) 사역, 셋째 예수문화 및 경배와 찬양 사역, 그리
고 가정·상담 사역 등을 감당하고 있습니다. 1980년 12월 22일에 창립된 두란노서원은 주님 오실 때까지
이 사역들을 계속할 것입니다.

회계 천재
홍 대리의

성경

MONEY

머니?

손봉석 지음

두란노

contents

제2부: 투자의 원리
돈 어떻게 투자할 것인가?

제3부: 소비의 원리
돈 어떻게 소비할 것인가?

제4부: 부채의 원리
빚 어떻게 관리할 것인가?

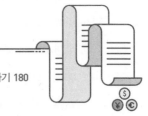

제5부: 돈 버는 원리

돈 어떻게 벌 것인가?

당신은

부자 아빠가 있습니까?

　미국에서 거액 복권에 당첨된 5백 명을 대상으로 설문조사한 결과 80퍼센트가 당첨 이후에 불행한 인생을 살았다고 한다. 돈이 있으니까 도박 등으로 가산을 탕진하고, 돈 문제로 부부 사이에 갈등을 일으키다 이혼하고, 괜한 사업을 시도하다 망하는 경우가 비일비재했다는 것이다.

　우리나라에서도 갑자기 부동산이나 주식 등으로 부자가 된 사람들의 가정이 해체되는 경우를 자주 볼 수 있다. 국가도 자원이 갑자기 발견되었을 때 오히려 국민들이 게을러지고 자만에 빠져 추락하는 경우가 많다. 그래서 오죽하면 '자원의 저주'라는 말이 있을 정도다.

　한 설문조사에서 "얼마의 돈이면 가족과 친구를 버릴 수 있는가?"라고 물었더니 응답자 두 명 중 한 명은 "10억 원 이상이면 부모, 형제, 연인도 버릴 결심을 할 수 있다"는 충격적인 대답을 했다고 한다. 그뿐인가? 어떤 교수가 특정 지역민을 대상으로 한 세미나에서 "여러분이 1백억 원짜리 로또에 당첨되면 뭘 하겠습니까?" 하고 물었더니 60퍼센트가 "이혼부터 하겠다"고 대답했다고 한다. 이혼을 하고는 싶은데 돈이 없어서 못하고 있다는 뜻이다.

우리는 모두 부자가 되고 싶어 한다. 그런데 그렇게 원하는 돈이 오히려 불행을 가져오기도 한다. 그럼에도 많은 사람들이 돈을 원하는 이유는 무엇일까? 과연 돈이 있다면 그 돈으로 행복한 인생을 설계할 수 있겠는가? 우리는 돈에 대해 얼마나 알고 있는가?

사실 우리 중 대부분은 이런 질문에 제대로 된 답을 할 수 없을 것이다. 왜냐하면 돈에 대한 공부를 제대로 한 적이 없기 때문이다. 했다 하더라도 '어떻게 하면 부자가 될 수 있는가?'

하는 정도일 것이다.

회계법인에 처음 들어갔을 때 나는 CEO가 되고 싶었다. 다른 회계사들과 마찬가지로 수년간 죽어라 고생했지만 CEO의 벽은 높아만 보였다. 나중에 알아보니 컨설팅회사의 CEO는 출신 자체가 나와는 달랐다. 그들은 소위 말하는 '진골', '성골' 출신들이었지만 나는 가난한 소작농의 아들에 불과했다. 자본주의 사회에도 계급이 존재한다는 것은 엄연한 사실이었다.

이런 계급은 신분이라기보다는 교육에서 비롯된 것이었다. 대기업 CEO의 아들은 아버지에게서 한 달에 한 번 밥상머리 교육만 받아도 내가 몇 년을 일해도 배우기 어려운 교육을 받을 수 있다. 게다가 그들은 보고 듣고 경험하는 것이 평범한 나와는 전혀 달랐다.

몇 해 전 우리나라에서 G20 정상회의가 열렸을 때, 재벌 총수들이 비즈니스 경험을 위해 이만한 교육이 없다면서 너도나도 2세 경영자들을 데리고 나왔다. 보통 사람들은 10년을 공부해도 못 배울 지식을 그들은 1박 2일 동안 실전으로 익히고 있었다. 그렇게 재벌 총수를 아빠로 둔 자녀는 재벌이 될 준비를 하고 있었다.

그럼 부자 아빠를 두지 못한 사람들은 어떻게 해야 할까? 재벌들을 보면서 부러워하고 때로는 시기 질투하며 세상 탓만 하고 살아야 할까?

나는 CEO가 되기 위한 가장 빠른 방법을 찾았다. 회사를 그만두는 것이었다. 그리고 나는 생각한 즉시 실행에 옮겼다. 회사를 만드니 나는 저절로 CEO가 되었다. 그러나 CEO로서의 교육은 현장에서 몸으로 부딪치며 치열하게 배워야 했다. 내게는 재벌 아빠도, 부자 아빠도 없었기 때문이다.

나의 아버지는 일도 안 하고 매일 술에 취한 채 궁핍하게 살다가 25년 전에 돌아가셨다. 아버지가 돌아가시고 우리 가족에게는 평화가 왔다. 술 먹는 사람도, 물건을 때려 부수는 사람도, 혼내는 사람도 없었다. 세월이 흘러 어느새 나도 아버지가 되었다. 내 아버지처럼 살기 싫어서 술도 먹지 않았고, 저녁과 주말은 항상 가족과 지내려고 노력했다.

7년 전 나에게는 새로운 아버지가 생겼다. 그분은 술도 안 하시고 물건을 던지시지도 않는다. 육신의 아버지와는 달리 세상을 다 가지셨고, 전능하시고, 항상 열심히 일하신다. 또 그분은 내가 아버지한테 물려받았던 나쁜 습관을 한순간에 고쳐 주셨다. 그분은 바로 존귀하신 하나님 아버지이시다.

하나님 아버지는 G20 정상회의보다 훨씬 더 좋은 경제 공부를 시켜 주셨다. 바로 성경을 통해서다. 성경에는 내가 궁금해 했던 부자가 되는 비밀이 기록되어 있었다. 그리고 돈에 대한 왜곡된 시각을 벗어 버리고, 바르게 벌고 바르게 쓰고 바르게 저축하는 방법을 말씀하고 있었다.

성경에는 믿음과 관련된 구절이 215여 절, 구원과 관련된 구절이 218여 절이 기록되어 있는데, 돈에 대한 구절은 2,350여 절이나 된다는 사실을 알고 있는가? 예수님이 말씀하신 38개의 비유 중에서 16개가 돈에 대한 비유임을 알고 있는가? 이것은 성경의 중요한 교리인 믿음, 영생, 구원 등의 구절을 다 합한 것보다 많은 양이다.

그런데도 왜 우리는 성경을 보면서 돈을 배우지 못할까? 왜 비뚤어진 시각으로 돈을 대하다가 돈 때문에 울고, 돈 때문에 신앙을 놓치는 것일까? 왜 가난에서 벗어나지 못하고 힘들게 사는 것일까? 그것은 성경적인 경제를 배우지 않았기 때문이다. '돈' 하면 미리부터 부정하다 생각하고 배우려 하지 않았기 때문이다.

그러나 하나님은 우리가 돈에 끌려다니지 않고 돈을 다스리기를 바라신다. 하나님의 자녀가 이 땅에서 왕 같은 제사장으로 살기를 바라신다. 그래서 성경 곳곳에 돈에 대한 가르침을 기록하신 것이다.

　나는 하나님 아버지께 배운 돈의 원리를 이 책에서 나누려고 한다. 아버지는 나 혼자 알고 나 혼자 잘 먹고 잘사는 것을 원하지 않으시며 누구에게나 알려 주라 하신다. 모든 사람이 아버지의 사랑을 받아 그 사랑을 누리기를 원하시기 때문이다.

　부와 귀가 주께로 말미암고 또 주는 만물의 주재가 되사 손에 권세와 능력이 있사오니 모든 사람을 크게 하심과 강하게 하심이 주의 손에 있나이다 **대상 29:12**

2019년 3월

손봉석

돈 어떻게 바라볼 것인가?

들으라 부한 자들아 너희에게 임할 고생으로 말미암아 울고 통곡하라 너희 재물은 썩었고 너희 옷은 좀먹었으며 너희 금과 은은 녹이 슬었으니 이 녹이 너희에게 증거가 되며 불 같이 너희 살을 먹으리라 너희가 말세에 재물을 쌓았도다 / 약5:1-3

chapter 1

하나님이 돈을 창조하신

목적은 무엇일까?

의사는 직업이지 목표가 아니다

공항에 가기 위해서 택시를 탔다가 머리가 희끗한 기사님과 이런저런 이야기를 나눈 적이 있다. 그분은 반평생을 운전으로 살아왔다고 했다. 버스, 트럭, 택시 모두 몰아 보았다고 하기에 나는 그중에서 어떤 차 운전이 제일 힘든지 물어봤다. 당연히 택시 차체가 가장 작으니 제일 편하지 않을까 하는 생각으로 가볍게 물은 것이다. 그런데 기사님의 대답은 의외였다.

"가장 힘든 것은 택시고, 버스가 정말 편해요. 버스와 트럭은 목적지가 정해져 있어요. 항상 정해진 길로 다니고 특히 버스는 일정한 노선만 움직이죠. 그런데 택시는 목적지가 없어요. 손님이 없이 빈 차로 도로를 달릴 때면 너무 힘들어요."

목적지에는 방향이 있다. 즉 우리가 어디를 향해 가야 하는지를 알려 준다. 삶에는 달성하고자 하는 목표와 방향이 있어야 한다. 이것이 없어질 때 우리 삶은 정말 힘들어진다.

인생의 목표가 있는가? 그 목표가 무엇을 향하고 있는가? 우리는 때로 인생의 목표만 있을 뿐, 그 목표가 무엇을 향하고 있는지는 간과하고 살아갈 때가 많다.

아이비리그에 진학한 우리나라 학생들 중에는 성적이 최하위권에 있거나 중간에 낙오하는 학생들이 많다고 한다. 명문대학에 진학하는 것까지만 꿈꾸었지 그 다음 목표가 없기 때문이다. 그렇게 꿈에 그리던 하버드대학에 진학하고 나니 꿈이 이루어져 새로운 시작이 더디고 힘들다는 것이다.

어린이들에게 꿈을 물어보면 의사, 판검사, 가수가 되고 싶다고 말한다. 그런데 그것은 직업이지 꿈이 아니다. 수많은 의사가 있지만 우리가 기억하는 의사는 몇 명 되지 않는다. 그중 슈바이처는 대학 교수라는 직업과 풍요로운 생활을 버리고 아프리카로 가서 가난하고 병든 원주민을 위해 평생을 헌신했다. 돈을 많이 벌거나 권력을 갖고 싶어서가 아니다. 보다 많은 사람들을 행복하게 하기 위해 노력했기 때문이다.

이처럼 훌륭한 사람들은 각자 직업은 달라도 자신의 행복을 넘어서 보다 많은 사람의 행복을 위해 노력했다는 공통점이 있다. 반면 우리는 잘못된 방향에 목표를 두고 살아간 사람들의 최후가 좋지 않게 끝나는 경우도 쉽게 찾아볼 수 있다.

딸이 다니는 초등학교에 진로 교사로 초청된 적이 있다. 그때 아이들에게 백범 김구 선생과 매국노 이완용에 대한 이야기를 해주었다. 두 사람이 죽은 지 60년이 넘은 지금 김구 선생은 모두가 존경하는 인물로 칭송받는 반면, 이완용은 최악의 매국노로 욕을 먹는다.

그러나 그들이 살아있던 시절 이완용은 김구 선생과는 비교도 안 될 정도로 잘나가는 사람이었다. 그는 명문가에서 꽃미남으로 태어나 공부도 잘했고 과거에도 합격한 사람이었다. 우리나라에서 국비로 미국 유학을 간 최초의 인물이었고 글쓰기에 능했으며 총리대신까지 올랐다. 반면 김구 선생은 가난한 집에서 태어났다. 어린 시절 천연두를 앓아 얼굴에는 곰보 자국이 가득했고 공부도 그다지 잘하지 못했다. 평생 감옥을 오가고 중국을 떠돌면서 힘든 생활을 했다. 그런데 이완용은 자신의 뛰어난 재능을 나라를 팔아먹는 데 사용했다. 김구 선생은 조국의 독립이라는 하나의 기치를 향해 자신의 모든 걸 던졌다. 두 사람은 모두 죽었지만 김구 선생의 정신은 아직도 살아 있는 반면, 매국노 이완용은 사람들의 입에 오르내릴 때마다 계속 죽고 있다.

나는 아이들에게 이렇게 질문했다.

"여러분은 공부 잘하고 돈도 많고 성공했지만 매국노 소리를 듣는 이완용이 되고 싶어요, 아니면 가난하고 힘든 삶을 살았지만 존경받는 김구 선생처럼 되고 싶어요?"

이 질문은 비단 어린이뿐 아니라 우리 어른들이 더 고민해야할 주제인 것 같다.

나는 꿈 너머 꿈을 자주 말한다. 회계사나 의사, 변호사가 꿈이 되어서는 안 된다. 직업은 더 높은 꿈을 실현하기 위한 수단일뿐 목적이 되어서는 안 된다. 지금까지 생각했던 꿈(직업)을 넘어서 더 많은 사람을 행복하게 하기 위한 꿈을 세우고 그 꿈을 이루기 위해 열심히 공부하고 돈을 벌어야 한다.

돈을 목표로 하지 마라

회계컨설팅 회사를 운영하면서 2003년 처음 제주에 내려왔다. 그때 내 목표는 천 곳 이상의 고객을 확보하여 경쟁 회사 열 개를 합한 규모로 회사를 키우는 것이었다. 이 목표가 달성되면 그 뒤부터는 모두가 편안할 것이라고 생각했다. 그렇게 2년을 달렸다. 그러고 나서 깨달은 사실이 있다. 내 그 거창한 목표 때문에 내 주변의 모든 사람이 힘들어하고 있다는 것이었다.

항상 새벽에 집에 들어오는 남편 때문에 가족들이 힘들어했다. 사장의 끝없는 욕심에 직원들은 심신이 지쳐 갔다. 그러면서 제대로 된 회계 컨설팅이 이루어지지 않아 고객도 불만이 많아졌다. 나는 고객 천 곳을 만들면 그때부터는 편안해지지 않겠느냐면서 지친 가족과 직원들을 설득했다. 그때 한 명의 직원이 회사를 그만두면서 나한테 이렇게 말했다.

"대표님은 너무 욕심이 많으십니다. 아마 천 개의 고객이 생기면 그다음은 5천 개의 고객을 목표로 달려갈 것입니다."

한참을 생각했다. 그 직원의 말은 틀리지 않았다. 이 목표가 달성되면 나는 분명 또 다른 목표를 세우고 달려갈 것이다.

나는 목표를 수정하기 시작했다. 내 수첩에 적혀 있는 2009년의 목표를 보니 내용이 이랬다.

'사람들이 나를 자신의 목적을 달성하도록 도와준 사람으로 기억하기를 바란다.'

그 후 나는 내 개인의 이익을 생각하던 사람에서 남의 목표를 먼저 생각하는 사람으로 바뀌었다. 물론 목표를 다 이룬 것은 아니지만 내 행동과 생각이 많이 변한 것은 확실했다.

그런데 희한한 것은 사업 초기에 비해 지금의 소득과 재산이 훨씬 더 늘었다는 점이다. 돈을 목표로 했을 때는 실패했지만 다른 사람들의 행복을 목표로 하니 돈은 자연스럽게 따라 들어왔다. 그 이유는 사람의 창조 목적이 돈을 따르고 돈에 목매는 데에 있지 않기 때문이다.

하나님은 우주를 만들기 전부터 우리를 마음에 품으시고, 당신의 목적을 위해 우리를 만드셨다. 그렇다면 그 계획이란 무엇일까?

> 하나님이 자기 형상 곧 하나님의 형상대로 사람을 창조하시되 남자
> 와 여자를 창조하시고 하나님이 그들에게 복을 주시며 하나님이 그
> 들에게 이르시되 생육하고 번성하여 땅에 충만하라, 땅을 정복하라,
> 바다의 물고기와 하늘의 새와 땅에 움직이는 모든 생물을 다스리라
> 하시니라 **창 1:27-28**

하나님은 땅을 정복하고 만물을 다스리는 자로 만들기 위해서
사람을 지으셨다. 우리는 우연히 태어난 존재가 아니다. 단지 이
땅 위의 삶에 그치는 것이 아니라 영원을 위해 창조되었다.

또한 하나님은 자기의 형상과 모양을 따라 인간을 지으셨다.
그러므로 사람들이 나를 보면서 하나님을 느끼고 그분의 형상을
볼 수 있다면 그 사람은 참 그리스도인이요, 그런 사람이 되는 것
이 우리 모두의 신앙 목표가 되어야 한다.

비를 피할 수 있고 수돗물과 전기가 들어오는 집이 있고, 하루
세끼 밥을 먹을 수 있고, 일주일에 한 번 이상 목욕을 할 수 있고,
아이들을 학교에 보낼 수 있다면 세계 70억 인구의 15퍼센트에
들어가는 부유층이라고 한다.

그러므로 우리는 돈에 목매달지 말아야 한다. 하나님의 창조
물인 우리는 돈보다 훨씬 값진 존재이기 때문이다.

돈에도 창조의 목적이 있다

우리는 창조의 목적을 잃어버리는 때가 많다. 돈 문제에서 특히 그렇다. 우리가 하나님의 창조 목적에 맞게 살아야 하는 것처럼 돈도 본래 창조된 목적대로 쓰여야 한다. 우리나라 최초 화폐는 조선 시대의 상평통보(常平通寶)인데, '평등하게 널리 쓰이는 보배가 되어야 한다'는 뜻이다. 돈은 물물교환과 거래에 사용하기 위한 수단으로서 탄생했다. 저장 수단이 아니라는 말이다. 그래서 돈은 물처럼 돌지 않고 한 곳에 고이면 썩고 만다.

그런데 지금 돈은 본래의 목적에서 확대되어 훨씬 다양한 기능을 하는 동시에 많은 악을 파생시키는 원인이 되었다. 사람들은 돈을 좋아하면서도 많이 가진 사람을 시기하거나 우상시하기 시작했고, 돈 많은 부자는 탐욕의 상징이 되었다. 이것은 돈을 많이 가진 사람들이 열심히 벌기만 했지 잘 쓰지 못했기 때문이다.

하나님이 타락한 인간을 위해 구속사역을 시작하신 것처럼 맘몬의 구속사역도 시작이 되어야 할 것 같다. 그렇다면 어떻게 해야 돈을 잘 모으고 잘 쓰는 것일까?

사람들은 돈을 잘 모으기 위해 재태크에 관심을 갖고, 또 재태크를 하기 위해 은행, 증권회사, 보험회사 등을 많이 찾는다. 그런데 보통 사람들은 이것들을 비교하지 않고 투자 상품을 선택한다. 보험회사에 저축 상품을 가입하기도 하고 변액보험을 들어서 주가 상승에 따르는 이득을 얻으려고도 한다. 또 은행에 가서 펀드나 보험에 가입하기도 한다. 심지어 어떤 사람은 증권회사에 가서 주가가 떨어졌을 때 원금을 보장해 달라고 우기기도 한다. 모두 상품의 목적을 모르기 때문이다.

(1) 은행

우선 은행은 저축에 그 목적이 있다. 저축은 투자를 하는 것이 아니라 꼬박꼬박 절약하여 납입한 금액과 약정이자를 더해 원금을 보장받는 것이 목적이다. 그렇기 때문에 은행 이자를 주식 수익률과 비교해서는 안 된다.

(2) 보험

보험은 저축이 아니며, 투자 목적은 더더욱 아니다. 보험의 본질은 위험을 보장하여 불행을 막기 위한 것이다. 내가 낸 돈이 다 없어진다 해도 꼭 필요할 때 금전적인 보상을 받으면 그걸로 충분하다. 보험 상품을 가지고 수익률만 따지거나, 중도에 해약하고 원금을 주지 않느냐고 불평하는 것은 보험의 본질에 맞지 않는 얘기이다. 그런 면에서 보험은 저축이나 투자가 아닌 소비이다. 그래서 '가능한 적은 보험료로 내가 감당할 수 없는 위험을 보장받는다'는 개념으로 보험에 대한 인식을 바꿔야 한다.

(3) 증권회사

증권은 위험을 감당하면서 수익을 극대화할 수 있는 상품이다. 따라서 자산의 여유가 있을 때 투자해야 한다. 빚을 내거나 곧 지출해야 할 결혼 자금, 대출 이자를 가지고 '주식에 넣어 돈을 불려 보자' 하는 요량으로 접근해서는 안 된다. 지금 당장 써야 할 생활비가 아닌 수십 년 후 노후 자금이나 기부금 등에 쓰일 돈으로 투자하는 것이 좋다.

이처럼 저축은 은행에, 보험은 보험회사에, 투자는 투자기관에 하는 것이 금융의 본질이다. 보험회사의 저축상품을 은행의 저축상품과 비교하거나 은행에서 파는 보험 상품을 보험회사의 것과 비교하는 것은 어려운 일이다. 단순히 수익률로만 비교할 수 없는 부분이 많기 때문이다.

금융 상품이 복잡한 이유는 일반인들이 이해하기 힘들게 만들어 판단력을 흐리게 하려는 데 목적이 있다. 그래서 판매 사원들은 당신에게 좋아 보이는 것만 설명하고 좋지 않은 부분은 설명하지 않는다. 수익률만 생각하고 무분별하게 접근한다면 결국 금융기관에게 당할 수밖에 없다. 새로운 금융 상품을 공부하는 것보다 본질에 충실한 것이 손해 보지 않는 방법이다.

다시 한 번 강조하지만 우리는 돈의 본래 창조 목적에 충실해서 생각해야 한다. 그래야 나중에 돈에서 자유로울 수 있다.

chapter 2

돈으로부터의

자유

부자는 돈 때문에 움직이지 않는다

회계법인에 있을 때 1년에 한 번씩 성과 평가를 해서 보너스를 받았는데, 전체 회계법인 중에서 우리 회계법인이 가장 많은 보너스를 받았다. 생각지도 않았던 돈에 기분이 좋았는데, 하루 만에 좋은 기분이 날아갔다. 대부분의 동기가 나와 비슷한 금액을 받았는데, 몇 명이 조금 더 받았다는 이야기를 들은 것이다. 우리는 보너스를 조금 더 받은 동기가 왜 그만큼을 받았는지에 대한 의문과 불만이 있었다. 보너스를 많이 받았다는 기쁨은 온데 간데없었다.

전 D그룹 부사장 출신인 서 박사는 과거에 잘나가는 사람이었다. 지금은 은퇴해서 제자 키우는 일을 하고 있다. 그런데 그는 예전만큼 돈도 별로 없어서 골프도 못 치고 비싼 술도 못 마시는 지금이 과거보다 더 행복하다고 한다.

서 박사의 말을 듣고 나는 부자의 기준이 무엇인지 고민했다. 금융기관에서는 부자를 백만장자라고 하며, 얼마 정도의 돈이 있어야 지금의 생활 수준을 유지할 수 있고, 그래야 행복할 수 있다고 말한다. 그러나 서 박사를 보면 이런 논리가 맞지 않는다는 것을 확인할 수 있다.

부자란 어떤 사람일까? 나는 돈으로부터 자유로운 사람이라고 생각한다. 즉 돈을 목적으로 살지 않는 사람이 부자다. 1백억 원이 있어도 돈을 위해서 시간을 바친다면 그는 부자가 아니며, 1백만 원밖에 없지만 돈을 위해 일하지 않는다면 그는 부자다.

누구나 돈을 목적으로 살지 않는다고 생각한다. 하지만 지금 내가 하고 있는 일이 금방이라도 그만두고 싶고, 하기 싫다면 이것은 돈 때문에 일하고 있는 것이 맞다. 직장을 그만두고 싶은데 당장 다음 달 카드 값, 생활비가 없어 그만두지 못하는가? 사업을 때려치우고 싶은데 빚에, 이자 걱정 때문에 실행에 옮기지 못하는가? 결국 다 돈 때문이다.

부자는 하고 싶은 것을 다 하는 사람이 아니라 하고 싶지 않은 것을 안 할 수 있는 사람이다. 돈에 끌려다니는 삶에서 벗어날 수 있는 방법은 자신만의 부의 개념을 명확히 설정하고 그 길을 먼저 걸어가는 것이다.

진짜 행복은 소유에서 오는 것이 아니라 만족에서 온다. 부자란 재산이 얼마나 있는가의 문제가 아니다. 자신의 부를 지키고 이전하는 데 관심이 있을 뿐 더 이상 부를 늘려야 할 이유가 없는 사람이다. 부자가 되려면 필요한 것을 갖기 위해 노력하기보다 불필요한 것에서 자유로워야 한다.

철학자인 프랜시스 베이컨은 이렇게 말했다.

"돈은 최상의 종이고, 최악의 주인이다."

부자가 되기 원하는가? 단순히 돈 많은 부자가 되고 싶은가, 아니면 만족할 줄 아는 부자가 되고 싶은가? 돈으로부터 자유로워지기 위해서는 이 질문에서부터 출발해야 한다.

너희는 하나님과 재물을 겸하여 섬길 수 없느니라 **눅16:13**

탐심을 버릴 때 진정한 부자가 된다

성경에서 자유의 책을 꼽자면 출애굽기를 들 수 있다. 하나님은 자기 백성을 악한 세력과 강력한 속박에서 깨뜨리시고 하나님의 거룩한 백성으로 살아갈 수 있도록 구원해 주셨다. 물론 자유는 대가 없이 주어지는 것이 아니다. 하나님은 자기 백성들 자유를 위해서 아주 비싼 구속의 핏값을 치르게 하셨다.

출애굽기는 애굽에서 탈출하는 출애굽 사건(구속)과 출애굽 이후 시내 산에서 율법을 부여받고 성막을 짓는 사건(계시)으로 구성된다. 하나님은 시내산에서 모세에게 십계명을 주셨다. 이 십계명은 헌법과 같은 것이며 모든 율법의 기초가 되었다.

> 나는 너를 애굽 땅, 종 되었던 집에서 인도하여 낸 네 하나님 여호와니라 **출 20:2**

이 말씀이 십계명 전체의 서언이다. 하나님은 왜 이스라엘을 구하셨을까? 그것은 이스라엘의 하나님이 되시고 이스라엘을 그의 백성으로 삼으시기 위해서였다. 하나님은 왜 이스라엘에게 십계명을 주셨을까? 당신의 백성이 세상에서 더 이상 종으로 살지 않고 창조의 목적대로 땅을 다스리고 정복하며 살기를 바라셨기 때문이다.

십계명 중 열 번째 계명은 돈에 대해 얘기하고 있다.

> 네 이웃의 집을 탐내지 말라 네 이웃의 아내나 그의 남종이나 그의 여종이나 그의 소나 그의 나귀나 무릇 네 이웃의 소유를 탐내지 말라 **출 20:17**

탐낸다는 것은 자신의 가진 것에 만족하지 않기 때문이다. 즉 탐심을 버리기 위해서는 자족해야 한다. 자족이란 무소유를 말하거나 가난 중에 자포자기하라는 말이 아니다.

십계명에 대한 《대요리문답》의 설명을 보면, 먼저 자신의 형편에 대해 온전히 만족하고 이웃을 향해 자비로운 자세를 가질 것을 요구한다. 반면 우리 자신의 지위에 대해 불만족하는 것과 이웃의 소유에 대해 부러워하고 슬퍼하는 것, 이웃이 가진 것에 지나치게 마음이 동하고 애착을 가지는 것을 금지한다.

돈으로부터 자유롭고 싶은가? 이웃과 나를 비교하며 얼마나 더 많이 가졌는가, 얼마나 덜 가졌는가를 두고 삶의 가치나 행복을 논하지 말기 바란다. 그런 것에 신경 쓰지 않고 하나님이 내게 허락하신 지금의 상태가 최고임을 인정하며 진정한 자족을 배울 때 진정한 부자가 될 수 있다. 하나님은 우리에게 자유를 주셨다. 그러므로 우리는 굳건하게 서서 다시는 종의 멍에를 스스로 메지 말아야 한다.

chapter 3

돈은

거룩한가?

거룩한 돈인지 판단하라

돈은 인간사를 얘기할 때 항상 문제의 중심에 있었다. 돈은 인간을 편안하게 만들었지만 지극히 불행하게도 만들었다. 그래서 돈 문제는 거룩을 말하기 참 어려운 분야다. 돈 자체가 주는 부정적인 이미지 때문이다. 이자나 주식 투자로 버는 돈은 거룩한 돈일까?

나는 돈을 벌 때 거룩한 돈인지 아닌지를 판단하려면 세 가지 기준을 생각하라고 말한다. 첫째, 하나님을 기쁘시게 하는 것인가? 둘째, 사람들을 행복하게 하는 일인가? 셋째, 세상을 아름답게 하는 일인가? 이 세 가지 기준에 부합하는 방식으로 번 돈이라면 거룩한 돈일 것이다.

그러나 그런 방식이 아니라면 거룩하지 않은 돈이다. 나는 근본적으로 세상에 도움이 되지 않는 방식으로 번 돈은 나쁜 돈이라고 생각하는 고집이 있다. 예를 들어 돈을 벌 때 부정한 방법으로 벌거나 깨끗하지 않은 돈은 거룩하지 않다. 다른 사람에게 피해를 주고 사회에 나쁜 영향을 끼치거나, 좋은 영향을 주지 않는 것도 거룩하지 않은 돈이다.

그런 의미에서 금이나 주택에 투자하는 것은 거룩하지 않다고 생각한다. 사실 금은 경제에 아무런 도움도 되지 않는 비생산적인 물건이다. 금값이 오르는 것은 세상이 불안하고 경제가 안 좋기 때문인데, 불안을 먹고 사는 금에 투자해서 돈을 벌고 싶지는 않다.

주택 투기 또한 다른 사람의 불행을 영양분으로 하여 먹고 사는 것이다. 집은 주거의 목적으로 보유하는 것이지 돈을 벌기 위해서 투자하는 대상이 아니다. 주택에 투자해서 주택 매매차익을 얻었다는 것은 싸게 사서 비싸게 팔았다는 뜻이므로 주택을 구입한 매입자는 비싸게 샀다는 말이 되는 셈이다. 주택은 국민의 권리인 주거권과 관련되어 있다. 그런데 주택으로 떼돈을 번다는 것은 다른 누군가에게 주거권의 피해를 주고 있다는 것이므로 이렇게 돈을 버는 방식은 좋지 않다. 그렇다고 모든 형태의 주택 매매가 다 거룩하지 않다는 것은 아니다. 주택을 구입해서 임대를 주거나 분양 사업을 하는 것은 생산적인 활동이라고 할 수 있다.

돈은 부정한 것인가?

그렇다면 우리는 왜 돈을 논하면서 '거룩'을 따져야 할까? 하나님의 속성 중에 가장 중요한 속성이 바로 '거룩'이기 때문이다.

성경에서 '거룩'을 주제로 하는 책이 있다. 바로 레위기다. 창세기가 죄의 시작을 말하고, 출애굽기가 죄로부터의 자유를 이야기했다면, 레위기는 구원받은 백성들이 어떻게 거룩한 삶을 살 수 있는지를 알려 준다.

레위기에는 이스라엘 백성이 제사를 통해 어떻게 하나님께 나아가며(하나님과 교제하는 법), 하나님과 함께할 수 있는가(하나님과 동행하는 법)에 대해 가르쳐 주면서 '거룩'이라는 단어를 90회나 사용한다.

거룩은 히브리어로 '코데쉬'라고 하는데, '구별하다', '분리하다', '깨끗하게 하다'라는 의미가 있다. 즉 죄악과 부정으로부터 철저히 자신을 분리시키고, 하나님의 법대로 살아가는 것을 가리키기도 한다. 하나님이 이스라엘 백성에게 거룩한 삶을 살도록 요구하시는 이유는 그들을 애굽의 속박과 노예 상태로부터 직접 구원하셨기 때문이다.

기독교는 세상을 등지고 사는 종교가 아니라 세상 속에서 구별되어 살아가야 하는 종교이다. 어떤 사람들은 구별됨에 대해서 그리스도인은 돈을 생각해서는 안 되며 돈을 멀리해야 한다고 말하기도 한다. 내가 돈을 벌기 위해 노력하는 모습을 보며 교회 다니는 사람이 돈을 밝힌다고 안 좋게 보는 고객도 있다. 그러나 돈의 욕망을 두려워하여 돈을 피하는 것이 성경적인 것은 아니다. 돈을 정직하게 열심히 벌어서 하나님의 뜻대로 잘 쓰는 것이 중요하다.

이런 이야기가 있다. 중동에 한 행상이 사막에 잘못 들어섰다가 크게 어려움을 겪고 있었는데, 공자가 이 사람을 보고는 "인생은 언제나 바른 길을 가야 하는 법이오" 하고 지나갔다. 석가모니가 지나가면서 "인생은 고행이라오"라고 했다. 이후 마호메트가 지나가며 "그게 하나님의 뜻이니 하나님 앞에 굴복하시오"라고 했다. 한참 후 예수님이 나타나셔서 이 나그네의 손을 붙들고 "내가 이 길을 너와 함께 동행해 주마" 하고 그와 함께 사막을 지나갔다. 이게 기독교이다

> 나는 너희의 하나님이 되려고 너희를 애굽 땅에서 인도하여 낸 여호와라 내가 거룩하니 너희도 거룩할지어다 **레 11:45**

거룩한 삶이란 세상과 등지고 배타적인 삶을 살라는 것이 아니다. 세상 속에서 사랑을 나누는 삶을 살라는 뜻이다. 그러기 위

해서 우리는 부정한 모든 것으로부터 자신을 분리시켜야 한다. 부정한 것은 흠 있는 것이고, 성경은 흠 있는 것에 대하여 정확하게 정의하고 있다. 그러므로 거룩해지려면 말씀을 깊이 묵상하여 흠 있는 것을 철저히 가려내고 그것으로부터 자신을 구별해야 한다.

chapter 4

돈을 알아야 하는
이유

경제 공부는 광야에서 나를 보호하는 안전장치다

매년 6월이면 우리 가족은 한 달간 여행을 떠난다. 어른 둘에 아이 넷이서 한 달간 떠나는 여행이라면 비용도 비용이지만, 분명한 의미가 필요하다. 그렇지 않으면 이런 약속은 절대 잘 이행되지 않는다.

아이들이 어릴 때는 동남아시아나 사이판 같은 휴양지를 주로 갔지만 아이들이 말귀를 알아듣기 시작하면서 나는 여행의 의미를 세우는 일이 더 중요하다는 생각을 하게 되었다. 거창하게 들릴지 모르지만, 간단히 말하면 '사진이나 찍고 오는 여행은 안 하겠다'는 것에서부터 시작하는 것이다.

그래서 나는 여행을 준비할 때 '어디를 갈 것인가?' 보다는 '어디에 가서 무엇을 보고 느끼고 배우고 올 것인가?'를 더욱 고민한다. 그러다 보니 자연스럽게 여행 준비 기간이 길어진다. 보통 1년 전부터 계획을 짠다. 그 출발은 책이다. 새해가 시작되면 나는 여행하려는 나라의 문화와 예술에 관한 책들을 집중적으로 주문하고 읽기 시작한다. 무슨 일을 하기 전에 그 분야에 대해 최소 1백 권 이상의 책은 사서 읽어야 한다는 나의 생각은 여행에도 그대로 적용된다. 여행 안내 책자는 물론, 그 지역 역사와 문화, 예술, 음악, 건축에 대한 책도 구입한다. 이때 아이들 책도 반드시 함께 구입해서 아이들 책장에 넣어 둔다. 아이들이 관심 있어 하는 분야를 알기 위해서이다.

한번은 유럽으로 역사 여행을 가기로 한 우리 가족은 유럽 지도와 역사책을 보면서 공부하면서 이야기를 나눴다. 열한 살 이었던 예림이가 말했다.

"아빠 나는 영국 가고 싶어요!"

현빈이가 따라 말했다.

"아빠 나는 에펠탑 보고 싶어요."

채니도 따라 말했다.

"아빠, 나는 대한민국 가고 싶어요!"

그러자 예림이가 웃으면서 말했다.

"야아, 여기가 대한민국이잖아!"

생각해 보니 채니 말도 일리가 있었다. 우리는 대한민국도 제대로 알지 못하기 때문이다. 그래서 우리는 계획을 변경해 한 달간 캠핑카로 전국 역사 일주를 했다. 그러면서 느낀 것은 '대한민국이 이렇게 넓은지 처음 알았다'는 것과, '우리가 사는 곳도 제대로 모르고 지냈구나' 하는 것이었다.

돈에 대해서도 마찬가지다. 우리는 거의 매일 어떻게 돈을 많이 벌고 많이 모을까 생각한다. 그리고 나름대로 규칙을 마련해 돈을 모으려고 애쓴다. 책을 사 보며 공부를 하기도 한다. 그러나 정작 돈에 대해서는 얼마나 알고 있을까? 많이 안다고 생각하는 것에 가장 무지할 수 있다.

경제 공부를 하는 목적은 돈을 버는 것에만 있지 않다. 그보다 더 근본적인 목적이 있다. 바로 인생의 광야가 찾아올 때 나를 보호하기 위한 안전장치를 마련하는 것이다.

우리에게 돈이 필요한 때가 언제인가? 바로 인생의 광야를 지날 때다. 고난의 비바람이 몰아칠 때다. 그러나 은행은 우리 인생에 비가 오면 우산을 빼앗아 간다. 실직을 했거나 사업 자금이 필요할 때, 경제 위기가 찾아와 점포 운영이 어려워질 때, 정작 돈이 필요해 대출을 필요로 할 때 은행은 대출을 회수하기 시작하는 것이다. 투자 시장도 개인 투자자들한테는 광야와 같다. 이런 광야에서 생존하기 위해서는 먼저 경제를 알아야 한다.

광야에서 하나님을 만난다

민수기는 '광야에서'라는 의미로, 이스라엘 백성이 시내산을 떠나 모압 광야에 이르기까지 약 38년 동안 광야에서 하나님께 훈련받은 것을 기록하고 있다.

또한 민수기에는 두 번에 걸친 인구조사가 있었기 때문에 '셈하다'는 뜻도 담겨 있다. 그래서 한글 성경은 백성들의 수를 센다는 뜻의 민수기(民數記)라는 이름을 붙였다.

1차 인구조사는 광야 여정을 시작하기 전에 시내산에서 실시했고, 2차 인구조사는 그로부터 38년 여가 흐른 후 광야 여정을 모두 마치고 가나안 땅에 들어가기 직전에 모압 평지에서 행했다. 놀라운 일은 1차 인구조사 대상자였던 남자들은 여호수아와 갈렙을 제외하고는 모두 죽었는데, 가나안에 입성한 인구 수와 거의 변동이 없었다는 것이다. 이것은 하나님이 거친 광야에서도 자기 백성을 꼼꼼히 돌보셨다는 것을 의미한다.

이스라엘 백성들은 광야에서 배반과 불신과 불순종으로 점철했다. 하나님은 패역한 불순종에 대해 때로는 무섭게 징계하시기도 했지만 낮에는 구름기둥, 밤에는 불기둥으로 그들을 보호하시고, 만나와 메추라기, 반석의 생수 등으로 백성들의 필요를 채우셨다. 이러한 하나님의 보호와 인도의 손길이 있었기 때문에 이스라엘 백성에게 광야 유랑은 헛된 방황이 아니라 의미 있는 소망의 여정이 될 수 있었다.

즉 광야에서의 훈련은 결국 하나님의 말씀에 대한 순종의 훈련이었다. 하나님의 임재를 경험할 곳은 삶의 여정이 생생한 '광야'인 것이다.

> 여호와는 네게 복을 주시고 너를 지키시기를 원하며 여호와는 그의 얼굴을 네게 비추사 은혜 베푸시기를 원하며 여호와는 그 얼굴을 네게로 향하여 드사 평강 주시기를 원하노라 할지니라 하라 **민 6:24-26**

우리도 광야와 같은 경제 시장에서 공부하고 훈련해야 한다. 예를 들어 2008년 미국발 글로벌 금융위기가 내 가계에 어떤 영향을 끼치는지 정도는 알아야 한다는 뜻이다.

2008년 금융위기 이후 미국에서는 계속 돈을 풀어서 경기를 부양시켰는데, 전문가들은 유동성 파티를 벌인다고 하였다. 우선 돈이 풀리면 그 돈은 어디론가 흘러갈 것이다. 생산 현장이든 주식이든 부동산이든 흘러가면서 가격을 올려놓을 것이다. 그러면 개인의 재산이 늘어나니까 소비도 늘 것이다. 즉 돈을 풀면 돈이 돌게 되고 그러면 경기가 좋게 된다는 이론이다.

그러나 파티가 크면 클수록 나중에 설거지해야 할 그릇도 많이 쌓인다. 그만큼 뒤처리할 것이 많아지는 것이다. 돈의 양이 많아지면 물가가 올라가 인플레이션(물가 상승)이 발생한다. 또 돈이 소비와 투자로 연결되지 않고 주식이나 부동산 등의 투기로 흘러

갈 수도 있다.

그럼 개인의 입장에서는 이런 돈의 흐름을 어떻게 판단해야 할까? 글로벌 금융위기는 먼 나라 미국만의 이야기이고 스스로는 경제를 잘 모른다고 포기하고 있을 것인가? 사실 이것은 나의 이야기이다. 한 번이라도 '미국과 유럽에서 금융위기가 터졌는데 왜 내 생활이 힘들어질까?' 하고 고민해 봤다면 그 이유를 알 것이다.

이렇게 돈이 많아져 인플레이션이 발생하면 개인의 빚도 늘어난다. 물건은 그대로인데 시중에 돈이 많아지면 자연스럽게 물건에 비해 화폐량이 많아져 물건 가격이 올라간다. 돈은 그대로인데 물건이 줄어도 마찬가지다. 귤 작황이 안 좋으면 귤 값이 비싸지는 것이 이런 경우다.

결국 물가가 상승한다는 것은 미래에 우리가 지불해야 할 부담이 계속 늘어나는 것이므로 빚이 늘어나는 것과 같은 효과가 발생한다. 그래서 물가를 눈에 안 보이는 세금이라고도 한다. 이렇게 우리의 의지나 노력과 관계 없이 금융의 광야는 찾아온다. 이것이 우리가 돈에 대해서 알아야 하는 최소한의 이유이다.

한편 투자에서 그대로 적용되는 중요한 개념 중 하나는 겸손이다. 투자를 하는 사람들에게 연간 어느 정도의 수익을 받기 원하는지 물어보면 대부분 사람들은 "되도록 많이 벌고 싶다"고 한다. 그런데 이런 사람들은 아무리 수익률이 좋아도 만족하지 못하고 계속 더 높은 수익을 찾게 된다. 또 주객이 전도되어 본업에 신경을 쓰지 못하고 투자에만 시간을 쏟게 된다. 무엇보다 높은 수익을 찾아 헤매다 보니 어려운 종목이나 경기에 민감한 종목까지 손을 뻗게 되고 결국 잘 모르는 곳에 투자했다가 손해를 보게 된다.

연간 목표 수익률을 10퍼센트 정도로 정하면 투자할 대상은 아주 적어지고 공부할 범위도 줄어든다. 또한 이 수익률은 보통 안정적인 기업의 성장률과도 일치한다.

은행 이자가 1퍼센트대까지 떨어진 것을 감안하면 10퍼센트는 결코 적은 숫자가 아니다. 그러나 주식 투자에서 원칙만 잘 지키면 10퍼센트는 별로 어렵지 않은 숫자이기도 하다. 개인투자자들이 연간 10퍼센트 이상의 수익률을 기대하는 것은 욕심이다. 한 달에 4시간도 공부를 안 하고 투자를 하는 것은 투자에 대한 예의가 아니기 때문이다.

금융 교육은
인성 교육

경제 교육은 돈 버는 교육이 아니다

최근 몇 년간 흰머리가 부쩍 늘었다. 여덟 살이던 채니가 아빠에게 다가오더니 흰머리를 뽑아 주겠다고 했다. 그래서 나는 "그래, 그럼 스무 개만 뽑아 줘" 했다.

채니가 아빠 흰머리를 뽑으려고 앉자 예림이, 현빈이, 겸이도 주변에 둘러앉았다. 그러자 채니가 두 살 터울의 동생 겸이에게 흰머리 뽑는 법을 가르쳤다.

"겸아, 검은머리와 흰머리가 있는데 흰머리만 뽑아야 돼."

채니는 겸이를 보고 다시 한 번 강조했다.

"검은머리는 뽑으면 안돼."

그러자 겸이가 묻는다.

"왜?"

어린 아이들은 끊임없이 물어보고 부모는 아이들의 질문에 대답하느라 기운이 빠지곤 한다. 비단 요즘 아이들뿐만이 아니라 아주 옛날에도 마찬가지였다. 이집트에서 출토된 주전 2천 년 애굽의 문헌에는 "요즘 아이들은 우리가 자랄 때와는 다르다. 이 아이들 때문에 문제다. 이 아이들이 어른이 되면 어떤 세상이 될지 걱정이다"라는 글이 있다고 한다. 그러니까 4천 년 전에도 아이들 때문에 걱정을 했다는 것이다.

조선시대 성리학의 최고봉 퇴계 이황 선생은 아들 이준에게 무려 321통의 편지를 썼는데, 그 내용이 자식에게 이렇게 해라 저렇게 해라, 이것 하지 마라 저것 하지 말라는 내용이었다고 한다. 당대의 최고의 석학이었지만 자식만은 자신의 뜻대로 되지 않았던 것 같다.

이처럼 아이들에게 무엇인가를 가르치는 일은 중요하지만 그만큼 쉽지 않다. 교육이 이루어지지 않는 세상을 상상해 보라. 그 사회는 무법천지에 답이 없는 사람들만 가득해질 것이다. 경제도 마찬가지다.

슈퍼마켓을 운영하는 사람들은 간혹 쓰레기통을 정리하다가 놀랄 때가 있다고 한다. 먹지도 않은 빵들이 처박혀 있기도 하고, 10원이나 50원짜리 동전도 자주 보이기 때문이다. 한때 유명 캐

릭터 스티커가 들어 있는 빵이 유행한 적이 있었는데, 스티커를 모으려고 빵을 사서 정작 빵은 먹지 않은 채로 버리는 아이들이 많았다. 잔돈을 주면 받기를 거절하거나 심지어는 받은 잔돈을 그대로 쓰레기통에 버리는 아이들도 있다고 한다.

이런 현상은 경제 교육의 부재에 있다. 아이들이 돈이 얼마나 중요한지, 그 돈으로 물건을 구입할 때는 어떤 마음이어야 하는지 모르는 것이다. 그런데도 우리나라 부모들은 자녀에게 경제 교육을 하는 데 너무 인색하다. 어려서부터 돈을 아는 것이 속물이나 되는 것처럼 생각하는 것 같다. 그러면서도 아이들 앞에서 '돈, 돈, 돈' 하는 것을 보면 아이러니한데, 부모 스스로 돈에 대해서 너무 몰라 자녀에게 가르치지 못하는 것이 아닌가 하는 생각도 든다. 그런데 실제 사회생활에서 영어나 수학보다 더 필요한 것은 경제 지식과 경험이다.

요즘 아이들은 돈을 쉽게 쓴다. 부모에게서 돈을 쉽게 얻기 때문이다. 대학에 가서도 공부보다는 유흥에 관심을 갖는다. 학비와 생활비를 부모가 대신 내 주기 때문이다. 자기가 스스로 아르바이트를 해서 학비를 낸다면 학비가 아까워서라도 공부하지 않을 수 없을 것이다.

호주에서는 청소년이 아르바이트를 하지 않는 것이 창피한 일이라고 한다. 반면 우리나라는 아르바이트를 돈 없는 가난한 학생들이 하는 것으로 생각한다. 그렇다 보니 학비를 위해 아르바이트를 하면서도 신명이 나지 않는다. 돈의 소중함은 돈을 버는 것이 힘들다는 것을 아는 것에서부터 시작하는데 말이다.

내 노력으로 돈을 벌어 쓰는 습관을 가르쳐라

나는 경제 교육의 핵심은 '자신의 노력으로 돈을 벌어서 쓰는 습관들'이라고 생각한다. 자녀에게 용돈을 그냥 주지 말라는 뜻이다. 어릴 때부터 집안일을 도울 때, 부모의 심부름을 할 때 용돈을 주는 방법으로 노력과 수입이 비례한다는 인식을 심어 준다면 돈을 허투루 쓰지 않을 것이다.

셋째인 채니가 여섯 살 때의 일이다. 큰언니 예림이가 아빠 일을 도와주고 용돈 받는 것을 보고 나에게 물었다.

"아빠, 나 아빠 어깨 주물러 주면 얼마 줄 거예요?"

"글쎄, 5분 주물러 주면 오백 원 줄게."

그런데 생각해 보니 오백 원짜리가 없고 천 원짜리만 있어서 채니에게 다시 말했다.

"채니야, 아빠 허리도 밟아 주면 오백 원 더 줄게."

채니는 5분은 어깨 안마를 해주고 5분은 열심히 허리를 밟았다. 나는 채니에게 수고했다고 칭찬해 주고 천 원짜리 한 장을 건넸다. 그러자 채니가 말했다.

"아빠, 왜 천 원만 줘요? 오백 원 줘야지?"

아이들이 어렸을 때는 돈의 크기를 가르치는 것보다 세상에 공짜가 없다는 것과 노동의 대가를 알려 주는 것이 중요하다. 나는 아이들이 어렸을 때부터 어린이집 보육료를 왜 아빠가 원장님께 주어야 하는지, 선생님들은 누구한테 돈을 받는지에 대해 대화하며 경제 교육을 했다.

아이들이 태어날 때마다 나는 아이들 이름으로 통장을 만들고, 이 통장이 아이의 것임을 자주 설명했다. 아이들 때문에 들어온 돈은 쓰지 않고 아이들 통장에 꼬박꼬박 넣어 두었다. 경조사비나 세뱃돈 등은 아이들이 직접 통장에 넣도록 했다. 절대 내가 손대는 일은 없었다. 그래서 우리 아이들은 자신의 이름으로 된 통장을 만들고 그 통장에 돈이 모이는 것을 큰 선물로 생각한다. 이 돈으로 자기가 사고 싶은 것도 사고 생일 선물도 구입한다.

또 아이들 돈으로 주식을 정기적으로 사주었다. 아이들은 자기가 산 주식의 회사 이름을 기억하고 마트에서 물건을 살 때 그 회사 물건을 구입한다. 그 결과 우리 네 명의 아이들은 상당한 돈을 모으고 있다. 즉흥적으로 마트에서 장난감을 사달라고 떼를 쓰는 일은 거의 없다. 그러면 나는 아이들에게 '네 돈으로 사라'고 하기 때문이다.

고등학생인 예림이는 다섯 살 때부터 경제 교육을 시켰는데 동생들한테 생일 선물을 사준다고 용돈을 모았다. 그래서 엄마 아빠 심부름을 해주고 동생들 목욕도 거들어 주고 공부도 가르치면서 용돈을 벌기 시작했다. 예림이는 가끔씩 이렇게 말한다.

"아빠, 나는 나중에 돈 모아서 집 한 채와 차 한 대 살 돈만 빼놓고 다른 사람들 도와주는데 쓸 거야."

경제 교육은 돈 버는 교육이 아니다. 우리가 돈을 왜 벌어야 하고 어떻게 써야 하는지 알아야 하는 인성 교육이다.

주의할 것은 용돈을 아이들과 협상하는 목적으로 쓰는 것은 좋지 않다. 가령 시험을 잘 본다거나, 자기 방 청소를 한다거나 하는 당연히 해야 할 일을 하도록 만들기 위해서 용돈을 주는 것은 좋지 않다. 이것은 자신을 위한 일이고, 스스로 해내야 할 몫이기 때문이다.

재활용품 정리, 동생 돌보기, 엄마 심부름하기, 아빠 신문 스크랩이나 문서 정리 돕기 등 가족을 위한 일에 대가를 지급하는 게 바람직하다. 즉 용돈을 줄 때는 노력에 대한 대가로 받도록 용돈 받는 수칙을 정해 놓아야 한다. 또 대가성 용돈은 일관성이 있어야 한다. 기분이 좋을 때는 용돈을 주었다가 기분이 나쁠 때는 주지 않는다는 등 부모가 수칙을 지키지 않느다면 제대로 된 경제교육을 할 수 없다.

나는 어렸을 때 용돈이라는 것을 받아 본 적이 없다. 워낙 가난한 집에 태어나서 공납금이나 학교 준비물을 제때 가져가 본 적이 없었으니 용돈을 받는다는 것은 부자들이나 하는 것인 줄 알았다. 어렸을 때는 가난한 부모님을 원망한 적도 있지만 지금 생각해 보면 부모님 덕분에 절약을 몸으로 배울 수 있었다. 쓰고 싶어도 쓸 돈이 없었으니 지금 절약 정신은 부모님이 물려주신 유일한 상속재산이다.

그러나 돈이 없어서 못 쓰는 것과 있는데 안 쓰는 것은 좀 다르다. 없어서 못 쓰는 것은 그 자체가 어려운 일은 아니지만 있는데도 안 쓰는 것은 엄청난 인내력이 요구되고 또 돈에 대한 분명한 철학이 있지 않으면 힘든 일이다.

자수성가형 갑부들의 공통점은 자녀에게 어릴 적부터 재테크의 개념을 심어 주는 데 시간과 노력을 아끼지 않았다는 점이다. 가난한 사람들은 용돈을 많이 못 줘서 미안한 마음에 "네가 사고 싶은 것 사라"는 식으로 용돈을 주지만 부자들은 "있는 돈 아껴 쓸 생각을 하지 말고 쓰려거든 벌어라" 또는 "용돈 받으려면 일해라"는 말을 강조한다.

용돈을 주는 목적은 여기에서 시작된다. 용돈을 주면서 아껴 쓰라고만 하는 것은 용돈 교육이 아니다. 아이들에게 풍족하게 돈을 쓰라고 용돈을 주는 것은 더욱 아니다. 용돈 교육은 돈을 어떻게 벌고 어떻게 사용해야 하는지 알려 주기 위해서 하는 것이다.

가르치지 않으면 잊는다

신명기는 죽음을 앞둔 120세 고령의 모세가 가나안 땅의 동편

모압 평지에서 이스라엘 백성들에게 3차에 걸쳐 고별 설교한 내용을 담고 있다. 이때 모세의 설교를 듣는 이스라엘 백성들은 출애굽의 감격과 시내산 언약의 영광을 체험한 세대가 아니었다. 이미 그들은 다 죽고 새로운 세대가 바통을 이어 가고 있었다.

새로운 세대는 '약속의 땅'에 들어가 거저 받은 안전한 성읍에서 풍요를 누리며 살아갈 것이다. 그들이 먹을 열매는 그들이 심은 것이 아니며 그들이 누릴 풍요는 그들의 피와 땀이 아니다. 이 물질의 풍요는 여호와가 그들을 구원해 고치시고 공급하셨다는 은혜와 계명을 잊어버리게 하는 위험을 가져오게 될 것이다.

이런 상황 속에서 모세는 출애굽을 경험하지 못한 2세대들에게 하나님의 은혜를 일깨워 주기 위해 설교를 했고, 그 설교를 모아 신명기를 기록했다. 이스라엘의 역사를 들려줌으로써 하나님의 놀라운 은혜의 손길을 생생하게 느끼도록 할 필요가 있었기 때문이다. 물론 모세의 가르침에도 불구하고 이스라엘 백성은 가나안에서 하나님을 잊었다. 그렇다고 해서 우리가 가르침을 멈출 수 있는가? 그럴 수는 없다.

다음 세대를 위해 우리는 끊임없이 가르쳐야 한다. 특히 돈에 대해서는 더욱 그렇다. 자칫 탐욕과 그릇된 가치관을 심어줄 수 있는 것이 돈이기 때문이다. 그러려면 먼저 우리가 돈에 대한 바른 가치관을 배워야 한다. 배우고 훈련하고 가르쳐라. 가르치지 않으면 잊기 마련이다.

chapter 6

돈을

바르게 사랑하라

하나님이 계시지 않으면 모든 것이 헛되다

솔로몬은 젊었을 때 '아가서'를, 중장년 때 '잠언'을, 노년에 '전도서'를 기록했다. 즉 이 세 권의 책은 각각 젊은 연인이, 중장년의 아버지가, 노인 철학자가 기록한 지혜서이다.

> 전도자가 이르되 헛되고 헛되며 헛되고 헛되니 모든 것이 헛되도다
>
> **전 1:2**

전도자의 이 첫 말씀은 마지막 12장 8절에도 반복된다. 전도자는 자기 자신의 삶의 경험을 간증하며 증거한다. 지혜, 지식,

술, 여자, 사업, 학벌, 모든 수고와 고뇌 등, 이 모든 것이 "바람을 잡으려는 것"(전 1:14, 17; 2:17)과 같이 헛되다고 한다. 가장 많은 재물과 명예와 권세를 가졌던 솔로몬이 노년에 인생을 회상해 보니 모든 것이 헛되다는 것이다.

그러나 전도서는 허무주의를 말하고 있지 않다. 전도자는 하나님을 경외하고 그의 명령들을 지키는 것만이 사람의 본분이라고 말한다. 최고의 부귀, 영화, 권세, 지혜 등 그 어떤 것을 가질지라도 하나님 없는 인생은 허무하다는 것이다.

우리는 흔히 복 받기를 기대한다. 대개 사람들은 자신에게 닥친 고난이 물러가면 복 받았다고 말한다. 또는 자신이 바라는 소망이 이뤄졌을 때 복을 말하기도 한다. 질병에 시달리던 사람이 건강을 얻거나, 자녀가 좋은 직장에 들어가면 복을 받았다고 한다.

그러나 그리스도인은 복의 기준에 대해 좀 더 넓은 시야를 가져야 한다. 세상에서 말하는 복의 기준은 부와 명예, 권력이다. 그리스도인들은 이런 세상의 것을 탐하면 안 된다고 생각하기도 한다. 그러면 자칫 인생에 대한 허무주의나 염세주의가 될 수 있다.

성경에는 부에 대해서 상반된 견해들을 보인다. 부자가 되는 것을 하나님이 주신 복의 결과로 보기도 하고(신 28:2-11), 부자가 하나님의 저주의 결과라고 보는 경우도 있다(시 73:1-12). 부를 우상으로 섬기는 죄에 빠져들기 쉽고(눅 16:19-31) 부자는 하나님에게서 멀어지게 하는 원인이 되기도 하기 때문이다(잠 11:28).

그러나 부가 그 자체로 악하다고 보지는 않는다. 이 또한 하나님의 복의 일부분일 수 있다. 다만 부와 하나님을 경외하는 믿음이 함께 있을 때만 그렇다. 부를 자신의 것으로 삼지 않고 선한 사업에 힘써 하나님과 사람에게 선을 행할 수 있다면 그것은 분명 하나님이 주신 복일 것이다.

> 네 포도원의 열매를 다 따지 말며 네 포도원에 떨어진 열매도 줍지 말고 가난한 사람과 거류민을 위하여 버려두라 나는 너희의 하나님 여호와이니라 레 19:10

돈은 버는 것보다 쓰는 것이 중요하다

토요일 아침에 여섯 살이었던 채니와 함께 치과에 가기로 했다. 아직 이가 빠질 때가 아닌데 친구와 부딪쳐서 흔들린다는 것이었다. 집 근처에 있는 치과에 가려고 나섰는데 매주 토요일은 용돈 찾는 날이라서 현금을 찾으러 은행에 있는 ATM(현금자동입출금기)에서 돈을 인출해 갈 생각이었다. 가려고 했던 치과를 지나치자 채니가 물었다.

"아빠, 어디 가는 거예요?"

"은행. 거의 다 왔어. 저기 보이지? OO은행"

그러자 말 많은 채니가 또 묻는다.

"은행에 돈 벌러 가는 거예요?"

은행에 가면 돈을 주니까 아이들은 은행의 역할을 혼동한 것이다. 나는 웃으며 말했다

"아니, 돈 찾으러 가는 거야. 오늘은 용돈 찾는 날이잖아."

사실 은행은 내가 맡겨 놓은 돈을 찾아오는 곳인데, 어린 아이들에게는 그런 개념이 없다. 나는 채니에게 경제 교육을 시킬 요량으로 좀 더 말했다.

"채니야, 은행에 가면 왜 은행이 아빠한테 돈을 주는지 알아?"

채니는 잠시 고민하더니 자신 있는 목소리로 대답했다.

"착하니까."

채니는 ATM에 붙어 있는 '날치기 주의' 표지판을 가리키며 큰소리로 말했다.

"봐요. 도둑들은 나쁘니까 돈 안 주잖아요."

채니의 말은 사실이 아니었지만 채니 말이 진실인 세상이었으면 하는 바람이 있다. 착한 사람들에게 돈을 주고 나쁜 사람들한테는 돈을 주지 않는 세상 말이다.

비인부전(非人不傳)이란 말이 있다. 중국의 서성 왕희지가 제자들에게 한 말로, 스승의 안목으로 보아 딱 합당한 인물이 아니면 함부로 의술이나 도를 전해줄 수 없다는 사제의 도리를 일컫는 말이다. 즉 인간의 됨됨이가 되지 못한 자에게는 도에 대해 논하지 말라는 것으로, 배움에서 자세가 되어 있지 않는 자에겐 가르

침을 주지 말라는 뜻이기도 한다.

돈도 그렇다. 회계학이란 돈에 대한 지식과 기술인데, 어떤 사람은 회계를 배워서 기업의 투명성을 높이는 데 사용하는가 하면, 어떤 사람은 회계를 배워서 분식회계(회사의 실적을 좋아 보이게 할 목적으로 장부를 조작하는 것)를 하는 데 앞장서는 사람이 있다. 어떤 사람은 돈을 벌어서 사회에 환원하고 어떤 사람은 부를 세습하는 데 힘을 쓴다. 과연 하나님은 이들 중 누구에게 더 많은 재물을 맡기실까? 이에 대한 답은 굳이 말하지 않아도 알 것이다.

우리는 돈과 명예, 집과 차, 성공과 좋은 대학 등 세상의 것을 너무나 간구한다. 이런 것을 간구했다가 응답을 받으면 기뻐하고 응답을 받지 못하면 서운해 하거나 하나님을 원망하곤 한다. 그러나 내가 간구한 것을 하나님이 주시지 않을 때는 다 그만한 이유가 있는 것이다. 돈을 대하는 우리의 자세, 그리고 돈을 쓰는 나의 태도를 돌아볼 필요가 있다.

하나님이 우리에게 맡기신 것인 만큼 돈에도 책임과 의무가 있다. 돈은 혼자 잘 먹고 잘살기 위해서 버는 것이 아니다. 돈은 어떻게 버는가보다 어떻게 쓰느냐가 훨씬 중요하다. 회사를 운영하는 것으로 예를 들어 보자. 회사는 자본과 빚으로 돈을 조달하여 투자를 하고, 투자한 자산은 회사에 돈을 벌어다 주어 회사의 이해당사자들을 위해 쓰이거나 재투자 된다. 우리 몸에 피가 계속 흘러가야 건강한 것처럼 기업도 돈이 잘 흘러가야 건강해지는 것이다.

돈은 누군가의 주머니에 멈춰 있는 것이 아니다. 만약 돈이 어느 한 곳에 멈춰 있다면 회사는 썩게 된다. 돈이 잘 흘러야 회사도 살고, 개인도 살고, 사회도 산다. 이것이 세상의 이치다.

돌고 돌기 때문에 돈이라는 말이 있다. 돈은 쓰려고 버는 것이다. 돈은 샘물과 같아서 자꾸만 퍼 마셔야 새로운 물이 더 나오게 된다. 어떻게 보면 돈은 모으는 것이 아니라 모이는 것이다. 돈을 담을 그릇이 크면 더 많은 돈이 모이고 작으면 적은 돈이 모인다. 그릇의 크기는 돈을 잘 버는 것보다 잘 쓰는 것에 달려 있다.

우리나라 대기업들이 사람들에게 존경받지 못하는 이유는 버는 것에만 신경을 쓰기 때문이다. 빌 게이츠나 워런 버핏이 존경받는 이유는 돈을 많이 벌어서가 아니라 돈을 잘 썼기 때문이다.

그런데 돈을 잘 쓰는 것은 생각보다 정말 어렵다. 우리는 돈을 쓰고도 욕을 먹는 경우가 많다는 것을 종종 경험한다. 일반적으로 보면 나 자신이나 우리 가족만을 위해서 돈을 쓰면 욕을 먹지만 남을 위해 돈을 쓰면 그들 머리 위에 향수를 뿌리는 것과 같다.

남을 위해 돈을 쓸 때 가장 중요한 것은 나보다 남을 생각하는 '사랑'이다. 돈을 써도 사랑이 없으면 의미 없는 숫자에 불과한 것이다.

돈에 대한 관점을 바꾸어라

노스 케롤라이나 대학의 베리 팝프킨 교수의 연구에 의하면, 전 세계에 영양실조인 사람은 8억 명이고 전 세계에 비만인 사람은 10억 명이라고 한다. 뉴스위크사에 따르면 이 연구 발표 소식을 접한 많은 사람들은 대형 햄버거를 먹다 말고, 잠시 멍하니 TV를 쳐다보았지만 그것도 잠시였을 뿐, 곧바로 또다시 햄버거를 먹기 시작했다고 한다. '야, 영양실조가 8억 명이나 된대?' 이렇게 몇 초간 생각하면서도 자기와 아무 관련 없다는 듯 아랑곳하지 않고, 대형 햄버거를 계속 먹어 치운 것이다.

나누는 일에 인색해질수록 세계에는 비만 인구가 더 늘어갈 것이고, 동시에 영양실조 인구도 더 늘어갈 것이다.

> 흩어 구제하여도 더욱 부하게 되는 일이 있나니 과도히 아껴도 가난하게 될 뿐이니라 남을 윤택하게 하는 자는 자기도 윤택하여 지리라
> **잠 11:24-25**

레위기에서 하나님은 이스라엘 백성에게 곡식을 거둘지라도 밭모퉁이는 다 거두지 말라고 말씀하셨다. 나그네와 길 잃어버린 사람이 그것을 먹도록 남겨 두라는 것이다. 물질적인 면만 아니라, 모든 인격적인 인간관계에 있어서도 서로 사랑하고 용서하며 상대방을 배려하면서 살 때 우리는 '오늘날의 선한 사마리아인'

으로 살아가게 된다.

많은 그리스도인들이 천국 시민으로서의 정체성을 상실하고 어둠 가운데서 땅의 백성으로 살고 있다. 세상적인 가치관을 가지고 세상적인 욕망으로 행하고, 부끄러운 죄 가운데서 살면서도 그것을 영광이라고 여긴다. 그래서 결국 이 땅에서 저주 아래 있고 결국은 영원한 심판에 이르게 된다.

말로만 그리스도인이지 실상은 세상에 속한 자들이다. 그러나 우리는 세상과 달라야 한다. 우리의 시민권은 하늘에 있기 때문이다. 세상 사람이 가장 사랑하고 두려워하는 대상은 돈이다. 그러나 하나님의 사랑을 믿게 되면 돈에 대한 구속에서 벗어날 수 있게 된다. 사람들이 돈을 사랑하는지 아닌지는 돈을 어디에 사용하는지 보면 알 수 있다. 사람들은 항상 자신이 가장 사랑하는 곳에 돈을 사용하기 때문이다. 나는 지금 무엇을 위해 돈을 사용하고 있는가 수시로 점검해야 한다.

영유아 및 청소년을 위한 경제학_
용돈 교육하기

1. 아이들 돈은 양육비 아닌가요?

아이들이 태어났을 때 가족들이 준 돈이나 돌잔치로 인해서 들어온 돈, 아이들의 세뱃돈, 용돈 등 아이들에게 들어온 돈은 아이들 몫입니다. 아이들의 세뱃돈이나 용돈을 부모의 몫으로 생각하기보다는 자녀 교육비나 자녀들이 성인이 되었을 때의 선물로 생각하고 모아두는 것이 좋습니다. 그 돈이 아이들의 경제 교육을 시작하는 마중물로써의 역할을 할 것입니다.

2. 아이들에게 가르칠 경제 교육은 무엇인가요?

아이들의 용돈과 세뱃돈 등은 아이들 스스로의 소비 습관과 저축 습관을 기르고 아이들의 재산을 만들어 가는 목적으로 사용해야 합니다. 즉 아이들 이름으로 통장을 만들어 저축하게 하고 자신의 용돈으로 개인적인 소비를 하게끔 가르칩니다. 가령 생일 선물이나 개인적으로 사고 싶은 물건 등은 자녀들의 돈으로 사용하도록 합니다. 저는 아이들의 유치원비나 수업료 보낼 때 이 돈이 어떻게 쓰이는지에 대해서도 이야기합니다. 아이가 스스로 지킬 수 있도록 규칙을 정해 용돈 기입장을 작성하게 합니다. 습관이 들기 전까지는 부모가 격려하고 도와주는 것이 좋습니다.

3. 용돈 교육을 시키는 이유는 무엇인가요?

용돈 교육울 통해 아이들은 돈의 소중함을 깨닫고 왜 아껴 써야 하는지를 배웁니다. '자수성가형 갑부'들의 공통점은 재테크의 개념을 자녀들에게 어릴적부터 심어 주는 데 시간과 노력을 아끼지 않았다는 것입니다. '돈은 거저 생기지 않는다' 또는 '용돈 받으려면 그만큼의 대가를 치러라'는 말을 강조해야 합니다. 용돈을 줄 때 그냥 주는 것보다 용돈을 통해 돈을 벌고, 쓰고, 모으고, 나누는 방법을 가르치는 것이 중요합니다.

4. 용돈 교육은 언제부터 시키는 것이 좋을까요?

천 원짜리와 만 원짜리를 구별하지 못하는 아이들에게 경제 교육을 시켜야 할지 걱정하는 부모들도 있고, 아이에게 어릴 때부터 돈을 가르친다는 것이 영 탐탁지 않다고 하는 부모도 있습니다. 미국은 5-6세 때부터 용돈 교육을 시키고, 우리나라에서는 초등학교 4-6학년 정도가 적절하다고 말합니다. 그러나 제 개인적인 생각은 적정한 나이를 따져가며 교육하기보다는 아이들이 물건의 가치를 인식하고, 무엇인가를 선택해야 한다는 것을 깨달을 때부터 교육을 하는 게 좋은 것 같습니다. 선택하는 연습을 시키는 것입니다. 가령 마트에 가서 아이가 원하는 것을 사게 하는 것도 경제 교육의 일부입니다. 중요한 건 아이들이 실수를 하더라도 간섭하기보다는 실수를 통해 스스로 깨닫도록 해야 한다는 것입니다. 경제 교육은 돈의 가치를 알게 하는 것부터입니다.

5. 왜 어릴 때부터 경제 교육을 해야 할까요?

우리나라 부모들은 어릴 때 돈을 알면 안 된다고 생각하고 아이들에게 돈 이야기를 잘 안 하려고 합니다. 그래서 요즘 아이들은 돈의 소중함을 모르고 함부로 사용합니다. 원하면 부모에게서 쉽게 돈을 얻을 수 있기 때문입니다. 경제 교육의 핵심은 '자신의 노력으로 돈을 벌어서 쓰는 습관을 길러주는 것'이라고 생각합니다. 거저 얻는 것은 아무것도 없으며, 무언가를 얻기 원한다면 정당한 대가가 필요함을 가르쳐 주어야 합니다.

6. 언제 용돈을 줘야 할까요?

어릴 때부터 집안일을 도울 때나 심부름을 할 때 용돈을 주는 방식으로 노력과 수입이 비례한다는 인식을 심어 준다면 돈을 허투루 쓰지 않을 것입니다. 하지만 용돈을 아이들과 협상하는 목적으로 사용하는 것은 좋지 않습니다. 가령 '시험에서 백 점 맞으면 용돈 줄게'라든가, 자기 방을 치울 때 같은 당연히 학생으로서 해야 할 일을 하도록 만들기 위해서 용돈을 주는 것은 좋지 않습니다. 이런 일들은 아이 자신을 위한 일이고 당연히 해야 할 일이기 때문입니다. 재활용품 정리나 동생 돌보기, 엄마 심부름하기, 아빠 신문 스크랩이나 문서 정리 돕기 등 가족을 위한 일에 대가를 지급하는 게 바람직합니다. 즉 용돈을 줄 때는 노력에 대한 대가로 받도록 용돈 받는 수칙을 정해 놓아야 합니다.

7.용돈 기입장은 어떻게 쓰도록 가르쳐야 할까요?

용돈을 통해 소비하는 습관을 배우기 위해서는 용돈 기입장을 쓰는 것이 가장 기본입니다. 중요한 것은 부모가 먼저 가계부 쓰는 습관을 들여야 한다는 것입니다. 부모 자신도 쓰지 않으면서 아이들에게 쓰게 하는 것은 억지에 가깝습니다. 어른들도 가계부를 쓰는 것이 어렵고, 쓰더라도 소비 습관이 잘 안 바뀌기 때문에 포기하곤 합니다. 그래서 단순히 어느 항목에 얼마를 지출했다고 기입만 하는 것을 넘어서 어디에 얼마를 썼는데 잘 사용한 건지 아이들 스스로 평가하도록 해야 합니다.

돈 어떻게 투자할 것인가?

두려워하지 말라 내가 너와 함께 함이라 놀라지 말라 나는 네 하나님
이 됨이라 내가 너를 굳세게 하리라 참으로 너를 도와 주리라 참으로
나의 의로운 오른손으로 너를 붙들리라 / 사41:10

chapter 7

금융위기와

투기의 역사

투기의 역사는 반복된다

사사기의 특징을 한마디로 말한다면 '왕이 없던 시대'로 요약된다. 이스라엘 백성들은 하나님을 섬기기보다 자기 좋은 대로 행했다. 우선 왕이 없는 사회는 중앙집권적인 권력 체제가 수립되지 않아 정세가 불안했다. 종교뿐만 아니라 대내적으로 치안 부재를 초래한 때가 바로 사사시대였다.

그 결과 이스라엘 지파간의 대규모 전쟁을 초래한 사건이 발생했다. 레위인의 첩이 베냐민 지파 사람들에 의해 유린당하고 죽게 된 것이다. 그 레위인은 첩의 시체를 열두 조각내어 이스라엘의 각 지파에 보내는데, 이 소식을 들은 열한 지파가 범죄를 저

지른 베냐민 지파를 응징한다. 사사기의 마지막을 장식하는 이 슬픈 이야기는 사사시대의 혼란한 사회상을 잘 보여 준다.

> 그 때에 이스라엘에 왕이 없으므로 사람이 각기 자기의 소견에 옳은 대로 행하였더라 **삿 21:25**

사시기에는 이런 죄가 다람쥐 쳇바퀴 돌듯 반복된다. 여호수아가 죽은 후 340여 년 동안 '불순종, 심판, 구원'의 악순환이 반복했다. 하나님은 열두 명의 사사를 보내어 백성들을 구원하시는데, 그중 많은 분량을 차지하는 사사는 드보라, 기드온, 입다, 삼손 등이다.

그중 기드온은 미디안의 지배를 받을 때 사사로 세움 받았는데 겁쟁이였고, 믿음도 연약했다. 기드온은 하나님의 부르심을 받았을 때 마당에 놓아 둔 양털 뭉치에만 이슬이 내리고 마당은 말라 있다면 주님의 말씀에 따르겠다는 양털 표적을 요구했다. 그럼에도 하나님은 기드온을 '큰 용사'라고 불러 주셨다.

하나님은 기드온의 3만2천 명 군사에서 3백 명을 선발했다. 그런데 선발 기준이 재미있다. 물가에서 무릎을 꿇고 물을 마시는 자는 탈락시키고 손으로 떠서 마시는 자는 합격시키셨다. 여기에서 하나님의 뜻은 무엇일까? 하나님은 오직 소수를 선택하신 것이다.

3백 명을 남겨 놓으신 것은 그들의 자격이 뛰어난 것도, 돌려 보낸 사람이 자격이 부족해서도 아니었다. 단지 전쟁이 사람의 공이 아니라 하나님이 하셨다는 것을 나타내려는 것이었다.

이렇듯 우리는 하나님의 뜻을 구분해 그분의 뜻대로 살아야 탈이 없다. 그런데도 사사시대에 이스라엘 백성들이 불행한 삶을 산 이유는 하나님 뜻에 따르지 않고 자기 생각에 옳은 대로 행했기 때문이다.

비단 사사 시대뿐 아니라 지금도 그렇지 않은가? 특히 경제 분야에서는 더욱 그렇다. 돈이 모인다 싶으면 사람들의 시선은 다 그쪽으로 쏠려 정신없이 투자하고 이익을 취하려고 한다.

근대 3대 투기 사건이라 불리는 1637년 네덜란드의 '튤립 투기', 1720년 영국 '남해회사 주식 거품 사건', 1720년 프랑스의 '미시시피 투기' 중 네덜란드의 튤립 투기 당시에는 튤립 구근 하나가 집 한 채 가격일 정도로 투기가 심했다. 만유인력의 법칙을 발견한 뉴턴과 음악의 어머니라고 불리는 헨델도 남해회사 주식 거품 사건에서 쪽박을 찼다. 뉴턴은 이때 "나는 별들의 운동은 계산할 수 있지만 사람들의 광기는 계산할 수 없었다"는 말을 남기기도 했다.

투기의 역사는 반복되지만 사람들은 이 역사에서 교훈을 얻기가 쉽지 않다. 투기는 나중에 많은 사람들을 힘들게 하는데, 그럼에도 이런 투기가 끊임없이 발생하는 이유는 무엇일까?

주식은 사고파는 것이 아니라 보유하는 것이다

오래 전에 TV에서 방영하는 '남자의 자격'이라는 프로그램을 시청하고 있었는데 다섯 살 이었던 채니가 TV를 보다가 이렇게 말했다.

"남자의 자격 왜 저렇게 해?"

아마도 군기와 훈련을 이해하기에는 채니가 많이 어렸던 모양이다. 집에서 TV를 잘 안 보기는 나도 마찬가지였기 때문에 뭐라고 설명하기가 어려웠다.

"아빠도 몰라."

그러자 채니가 말한다.

"모르면 배워야지."

나는 채니에게 지지 않으려고 물었다.

"채니는 알아?"

"나도 몰라."

나는 채니가 말한 것을 그대로 써먹었다.

"모르면 배워야지."

그러자 채니가 말했다.

"나는 배워도 몰라."

배워도 모르는 것은 우리 딸 채니만의 문제가 아니다.

우리는 뭔가에 투자한다고 하면서 쉽게 투기에 빠진다. 그러나 투자의 목적과 결과가 생산적이라면 투기는 개인에게도, 사회에도 좋지 않은 영향을 끼친다.

투기에 빠지지 않으려면 투기 사건들을 살펴보는 것이 도움이 된다. 앞서 이야기했던 근대 3대 투기 사건 외에도 최근에 우리가 보고 들었고 경험했었던 일도 많다. 일본 땅값이 미국 땅 값의 네 배까지 올랐던 90년대 '일본 부동산 버블', 2000년의 'IT 버블', 2008년의 '서브프라임 모기지 사태' 등이 있다.

1830년대 미국의 투자자들은 처음에는 고가의 면화를 경작하기 위한 농지를 확대하기 위해 땅을 매입했다. 그러나 그 후 이들은 다른 사람들에게 땅을 되팔아 실현할 수 있는 예상 자본 이득 때문에 땅을 샀다. 토지를 소비하기 위해 구입하지 않고 '투기'하기 위해 구입한 것이다.

이런 역사를 공부하면 우리가 투자와 투기를 구분하고 대비를 할 수 있다. 그런데도 사람들은 역사에서 교훈을 잘 얻지 못하는 것 같다. 아픈 과거를 쉽게 잊어버린다는 것이 문제다.

우리나라 부동산에 거품이 많다고 생각한다. 우리나라 GDP가 1천2백조 원, 주식 시가 총액은 1천조 원, 부동산은 5천조 원이 넘는다. 세계적으로 부동산 가격은 GDP의 두 배 수준인데 우리나라 부동산은 GDP의 다섯 배가 넘는 수준이다. 한국 땅을 전부 팔면 한국 땅의 열 배에 달하는 캐나다를 여섯 번 살 수 있고, 프랑스를 여덟 번 살 수 있으며, 미국 땅도 절반을 살 수 있다는 결론이 나온다. 그래서 우리나라 국민 소득은 3만 달러, 주택은 5만 달러라고 한다. 부동산 가격이 이렇게 뛴 것은 부동산을 사용하려고 하기보다 투기에 이용하고 있기 때문이다. 부동산 중 특히 주택은 투자 대상이 아니라 주거 대상이다.

집을 구입하는 목적이 주거를 위한 것이어야지 시세차익을 올려서 다른 집으로 갈아타려는 것이 아닌 것처럼 주식은 회사에 투자하여 회사가 벌어들이는 이익을 얻으려는 것이어야지 시세차익을 위해 매매하려는 것이 되어서는 안 된다. 우리나라 주식 부자들인 삼성의 이건희 회장, 이재용 부회장, 현대자동차의 정몽구 회장, 아모레퍼시픽의 서경배 회장 등은 주식 매매로 부자가 된 것이 아니라 사업을 통해 주식의 가치가 늘어나서 부자가 된 대표적인 사람들이다.

주식에 투자하는 것은 그 기업과 동업하는 것이며, 주식은 사고파는 것이 아니라 보유하는 것임을 기억해야 한다.

chapter 8

전문가,

어디까지 믿어야 하나?

전문가는 신뢰할 만한가?

조카 민규가 초등학생 때였다. 뚫어지게 스마트폰을 보다가
엄마에게 물었다.

"엄마, 정직한 정치인은 없어요?"

동생은 잠시 멈칫 하다가 말을 흐렸다.

"있겠지…."

민규는 의아하다는 듯이 곧바로 되받아 쳤다.

"여기는 없다고 나오는데?"

나와 동생은 누가 먼저랄 것도 없이 동시에 물었다.

"거기에 뭐라고 나왔는데?"

민규는 스마트폰에서 본 웃기는 이야기를 들려주었다.

이야기인 즉 이렇다. 어느 카페에 네 사람이 앉아 있었다. 그리고 테이블 위에 2억 원이 들어 있는 돈 가방이 있었다. 잠깐 정전이 되어 어두워진 틈을 타 누군가 돈 가방을 들고 도망갔다. 범인은 누구일까?

1. 산타할아버지
2. 정직한 정치인
3. 청렴한 변호사
4. 경찰관

그 이야기에 따르면 정답은 4번이었다. 왜냐하면 1, 2, 3번은 현실에 존재하지 않기 때문이다.

민규 이야기를 듣고 있다가 나는 문득 '정직한 금융 전문가가 있을까?' 하는 생각을 해보았다. 정답에 없을지도 모른다는 불안감이 밀려왔다.

금융 시장에서도 전문가를 찾는 사람들이 많다. 그런데 그 전문가가 어떤 사람인지 잘 모르고 자신의 자산 관리를 맡길 때가 있다. 지인 중 한 분이 전문가가 추천해 준 종목을 샀는데 곧바로 주가가 폭등해서 '주식은 참 아름다운 것이다'라는 생각을 했다고 한다. 그런데 몇 년 후 다른 전문가 추천해 준 종목을 산 뒤 반토막이 되었다. 생각해 보니 전문가들 사이에 차이가 있었다기보다는 시장이 좋을 때 맡았던 사람은 이익을 냈고 시장이 나쁠 때

맡았던 사람은 손실을 냈던 것일 뿐이었다고 한다. 그 이후부터 그 분은 전문가라고 해서 무조건 믿지 않게 되었다. 어차피 전문가들이나 일반인들이나 시장이 좋으면 수익이 나고 시장이 나쁘면 손실이 나는 것은 마찬가지였기 때문이다.

전문가들의 추천 상품은 신뢰할 만할까? 주식 투자를 하는 사람들한테 "어떻게 그 종목에 투자했느냐"라고 물으면, 대다수가 "주변 사람들이 추천해 줘서 샀다"고 한다. 그 주변 사람들이란 소위 주식 전문가라고 하는 증권회사 사람들이다.

나는 증권회사 사람들을 싫어하거나 나쁘게 생각하지는 않지만 사람들이 전문가의 말만 믿고 투자하는 것은 생각해 볼 문제라고 생각한다. 왜냐하면 그 전문가의 실력이 좋고 나쁘고를 떠나서, 그들은 당신만을 위해서 일하는 사람들이 아니기 때문이다.

금융기관 종사자들은 고객의 이익에 앞서 우선 자신들의 이익을 우선시할 수밖에 없다. 고객의 이익과 자신의 이익을 모두 달성할 수 있다면 좋겠지만 불행히도 금융 시장에서는 이것이 참 어렵다.

하나님은 외모나 학벌이나 배경이 아닌 사람의 중심을 보신다고 말씀하셨다. 당신도 투자할 때 전문가의 학력이나 경력, 회사의 브랜드나 크기를 보지 말고 그 사람의 마음을 보라. 고객을 위한 마음이 있는 전문가에게 맡겨야 좋은 열매가 맺힌다.

아마추어는 프로를 이길 수 없다

도로에서 튜닝을 한 준중형 자동차가 시끄러운 소리를 내며 지나갔다. 그러자 함께 있던 사람이 왜 자동차 회사에서 만든 대로 타지 않고 멀쩡한 차에 손을 대 이상한 차를 만들어 버리느냐며, 저렇게 시끄럽게 엔진 소리를 내고 다니는 차를 이해할 수 없다고 말했다.

나도 아마추어가 전문가의 작품에 손을 대서 작품을 망치는 것을 이해하지 못한다. 아마추어의 눈으로 보면 더 좋아진 것이라고 생각할지 모르겠지만, 아마추어와 프로는 엄청난 차이가 있다.

투자 시장에도 프로와 아마추어가 분명히 존재한다. 투자 시장에서는 누가 프로일까? 투자자를 분석해 보면 크게 외국인, 기관, 개인 투자자로 나눌 수 있는데 이 중 외국인들은 개인 투자자들에게는 없는 오랜 경험과 지식, 정보, 노하우를 가지고 있다. 거기다가 자금까지 탄탄하기 때문에 개인 투자자들과 현저히 차이가 난다.

투자 시장은 엄청난 돈이 걸린 내기가 펼쳐지는 곳이다. 프로들은 자신들의 실력이 우월하다고 해서 아마추어들에게 핸디캡을 주지 않는다. 그럼 어떻게 이런 무시무시한 정글에서 프로들과 싸워서 이길 것인가?

일단 아마추어와 프로의 차이부터 알아야 한다. 투자를 취미 정도로 생각하는 개인 투자자들이 매일 주식을 공부하고 평생 주식과 살아온 프로들과 경쟁해서 이긴다는 것은 불가능한 일인지도 모른다.

나 또한 아마추어 투자자이며 본업이 있는 개인 투자자로서 프로와 싸워서 이길 생각은 추호도 없다. 오히려 프로와 아마추어의 차이를 인정하고 아마추어로서 투자를 바라보려고 한다.

아마추어는 매일 투자를 공부할 수 없으며 그럴 만한 시간과 자금도 없는 것이 현실이다. 그렇기 때문에 프로를 이기려고 하기보다는 그들의 속임수에 빠지지 않으면서 어떻게 아마추어로서 적정 수익을 거둘 것인가에 초점을 맞추어야 한다.

chapter 9

수요와 공급은

경제의 시작이자 끝이다

책 가격은 어떻게 결정되는가?

예전에 《빚 정리의 기술》이 출간되었을 때 채니가 물었다.

"와 아빠 책이다. 이 책은 얼마에요?"

"응, 1만4천 원."

"가격은 아빠가 정해요?"

"아니. 출판사에서."

채니는 아무래도 책값이 매겨지는 과정이 궁금했는지 질문이 끊이지 않았다.

"내용이 좋으면 비싼 거예요?"

"그렇기도 하지만, 보통 페이지에 따라 달라져."

"그럼, 책이 1만 페이지면 얼마에요?"

그러자 내 대신 옆에 있던 예림이가 대신 대답했다.

"그럼 아무도 안 사."

아이들의 대화였지만 가격을 결정하는 방식에 대한 중요한 원리가 숨어 있었다. 책 가격은 단순히 종이 값이나 두께에 따라 결정되지만은 않는다. 공급과 수요에 따라 결정되는 것이다.

열왕기서에는 수요와 공급에 따른 가격 결정 과정을 살펴볼 수 있는 좋은 예가 등장한다. 이스라엘과 아람의 전쟁이 일어났다. 아람 군대는 사마리아 성을 삼키기 위해 그 지역을 완전히 포위한 채 고사작전을 펼쳤다. 이스라엘 왕이나 백성들이 식량이 없어 굶어 죽을 때까지 포위하여 기다리는 작전이다. 성 안으로 출입하는 모든 식량 배급로를 끊음으로 사마리아 성 내에는 엄청난 식량 부족 사태가 일어났다.

성이 고립되자 나귀 머리 하나의 가격이 노동자 1년 월급 정도로 비싸졌다. 어떤 부모들은 자기가 낳은 아이를 잡아먹는 참혹한 사건까지 발생하게 되었다(왕하 6:25-29).

이 문제는 어떻게 해결했을까? 성경에 정답이 나온다. 하나님이 그들에게 전차와 말과 큰 군대의 소리가 들리도록 하셔서 아람 사람들은 진영을 내버려 두고 도망쳤고, 도단 성의 백성들은 모두 그 아람군이 남긴 음식으로 배불리 먹었다. 밀가루와 보리 가격도 안정되었다(왕하 7:14-16). 아람 진영의 물자를 공급해서 공급량을 늘려 가격을 안정시킨 것이다.

수요와 공급 원리는 경제학의 기본이다

경제학의 기본 원리에 따르면 가격은 수요와 공급에 따라 형성되는 것이다. 사려는 사람이 많으면 가격이 올라가고 팔려는 사람이 많으면 가격은 내려간다. 그것이 시장가격이다.

금리는 이자를 말하는 것으로 돈을 빌리는 사람과 빌려주는 사람 사이에서 결정된다. 빌려주려는 사람보다 빌리려는 사람이 더 많으면 높은 이자를 주고서라도 빌리려고 할 것이고 금리는 오르게 된다.

반대로 빌려줄 돈은 많은데 빌리려는 사람이 적으면 이자를 싸게 해서라도 빌려줄 수밖에 없으므로 금리는 떨어진다. 즉 금리도 자금의 수요와 공급에 의해 결정된다. 내 지인도 은퇴해서 은행에 넣어 둔 예금으로 생활하는데, 몇 년 전까지만 해도 은행에서 VIP고객이라고 명절 때나 기념일에 선물을 가득 주었지만 요즘은 선물이 많이 줄었다고 한다. 한 은행에서는 좀 서운한 일이 있어서 예금을 다른 곳으로 옮기겠다고 말하니 말리지도 않고 옮기라고 했다고 한다. 은행도 대출하려는 사람이 없으니 예금을 받지 않으려는 것이다.

금리는 돈의 흐름을 읽는 지표이다. 금리를 공부하는 것은 금리가 오르거나 내리는 원인을 파악하고 또 앞으로 어떻게 변동될지를 예측하여 최소한의 돈을 지키는 데 있다. 부자는 금리를 기준으로 생각하고 행동하는 사람들이다.

얼마 전 신문에서 현재 존재하는 직업의 47퍼센트가 20년 안에 사라질 것이라는 뉴스를 보았다. 그런데 20년 내 없어질 가능성이 높은 직업 순위 2위가 회계사였다. 앞으로는 회계 처리와 재무제표를 만드는 일은 컴퓨터와 로봇이 모두 대체할 것이므로 회계사가 없어질 것이라는 내용이었다. 나도 회계사이기 때문에 그 뉴스가 남의 일처럼 느껴지지 않았다.

물론 나는 회계사라는 직업이 없어질 것이라는 의견에 동의하지는 않는다. 다만 지금처럼 회계 업무만 담당하는 회계사는 사라질 것이라는 의견에는 동의한다. 그렇다면 앞으로 살아남는 회계사와 회계인은 어떤 사람들일까?

기계적으로 무엇인가를 하는 것이 아니라 로봇이 대체하기 어려운 부분, 즉 사람과 사람간의 관계에서 커뮤니케이션 능력을 가지고 있는 사람들이다. 앞으로 회계사의 역할이 숫자로 기록하는 것보다 기록한 것을 해석하고 공감하는 능력이 중요해질 것이다. 그래서 과거에 공부하던 방식으로는 새로운 환경에 맞는 회계를 할 수 없게 될 것이다.

단순 회계 처리 업무는 인공지능 로봇이 처리할 수 있지만 상황에 맞게 복잡한 재무적 의사결정을 내려야 하는 업무는 사람만

이 할 수 있다. 이런 영역은 인공지능이 대체하기 어렵다. 앞으로 회계에서는 컴퓨터가 만들어 낸 정보를 고객 마인드로 해석해서 활용하는 능력이 중요해질 것이다.

이것은 비단 회계사뿐만 아니라 취직을 준비하는 청년이나 사업가들도 모두 적용되는 이야기다. 수요와 공급 원리는 투자나 취직뿐 아니라 모든 경제의 단 하나의 원칙이기 때문이다.

chapter 10

시간에

투자하라

금리는 시간의 대가이다

투자를 하는 방식은 하늘의 별처럼 많고, 전문가들마다 생각과 방식이 각각 다르다. 그래서 일반 사람들은 전문가의 말을 따라 하는 것 자체도 어렵다. 그러나 모든 전문가가 공통적으로 말하며 쉽게 따라 할 수 있는 방법은 시간에 투자하는 것이다. 시간에 투자하려면 금리를 알아야 하는데, 금리는 시간 사용에 대한 대가이기 때문이다.

지인이 임대 목적으로 주택을 두 채 샀다. 그는 요즘 은행 이자가 너무 형편없다고 주식과 부동산에 투자하고 있었다. 60세가 넘도록 수십 년간 오직 예금만 해오던 사람이었는데, 부동산과 주식으로 돈을 잃으면서도 은행은 금리가 싸다고 쳐다보지 않는 것을 보니 요즘 사람들에게 은행 이자는 정말 매력이 없어져 버린 것 같다.

그러나 금리가 아무리 내려도 은행을 떠나는 것은 정말 위험한 일이다. 모든 재테크의 기준은 금리이며 돈의 흐름을 결정하는 것도 금리이기 때문이다. 지인이 돈을 주식에 넣을 것인지 부동산에 넣을 것인지를 판단하는 데 사용한 기준도 금리였듯이 이자는 돈의 흐름을 좌우한다. 즉 재테크를 하기 전에 금리를 이해하는 것은 중요한 일이다.

무엇보다 금리는 돈에 대한 올바른 자세를 만들어 준다는 점에서 가치가 있다. 금리는 현재의 소비를 미래로 미루는 데 대한 기회비용이다. 지금 사고 싶은 것을 바로 사면 돈 쓰는 재미를 얻을 수 있다. 그러나 이 돈을 1년 동안 은행에 넣어 둔다면 이자를 받을 수 있는데, 이 금리는 돈 쓰는 재미를 1년 뒤로 미룬 대가이다.

가난한 사람과 부자의 차이는 돈이 많고 적음의 문제보다 돈에 대한 마인드 차이가 더 크다. 가난한 사람은 950만 원의 적금을 타면 50만 원을 쓰고 9백만 원을 예금하지만, 부자는 950만 원이 생기면 50만 원을 보태서 천 만 원을 만들어 은행에 넣는다. 가난한 사람은 현재 소비를 해버려서 만족감을 얻으려 하는 반면 부자는 현재의 소비를 포기하고 돈을 모으면서 재미를 느끼기 때문이다. 즉 부자가 되려면 현재의 돈 쓰는 재미를 미래로 늦춰야 하는데, 금리는 이러한 인내심을 키우는 역할을 한다.

1백만 원이라는 돈이 생겼는데 이것을 쓰지 않고 은행에 저축을 하기로 결정했다. 은행에서는 1백만 원을 맡기면 1년 후에 103만 원을 돌려준다고 했다. 그러면 이것은 원금 1백만 원과 이자 3만 원을 합한 것이다. 돈을 빌리거나 빌려주면 이자를 주거나 받는데, 원금에 대한 이자의 비율을 '이자율' 또는 '금리'라고 부른다. 즉 1백만 원을 맡겼더니 이자가 3만 원이 붙었으므로 금리는 3퍼센트가 되는 것이다.

우리는 앞 장에서 이자가 수요와 공급의 법칙에 따른다는 사실을 배웠다. 즉 돈을 빌리려는 사람이 많으면 이자율이 오르고 (비싼 값에 돈을 빌려주고), 돈을 빌리려는 사람이 적으면 이자율이 떨어진다(싼 값에 돈을 빌려준다). 돈을 빌리려는 사람과 돈을 빌려주려는 사람의 수가 같을 때 이자율이 정해지는 것이다.

IMF때 이자율이 20퍼센트에 육박했던 이유는 돈을 빌려줄 사람은 없는데 돈을 빌릴 사람은 많았기 때문이고, 요즘처럼 이자율이 떨어졌다는 것은 돈을 빌려줄 사람은 많은데 돈을 빌리려는 사람이 없기 때문이다. 돈을 빌리지 않는 것은 마땅히 투자할 곳도 없고 또, 불안한 마음에 소비를 줄이기 때문이니 금리가 낮다는 것은 경기가 좋지 않다는 것을 의미한다.

금리에는 단리와 복리가 있는데 대다수 사람은 정기예금에 가입하면서 만기와 금리에만 신경을 쓸 뿐, 복리와 단리의 차이를 따져 보는 사람은 거의 없다. 하지만 금융 상품은 수익률이 일정하더라도 복리인지 단리인지에 따라 나중에 손에 쥐는 금액에 차이가 난다. 이자가 원금에 가산되어 재투자되기 때문에 장기로 굴리면 종자돈이 눈덩이처럼 불어나기 때문이다. 그래서 복리를 '돈의 마술'이라고 표현하기도 한다.

소망에 투자하라

예레미야는 남유다가 망해 가는 요시야, 여호야김, 여호야긴, 시드기야 왕 시대 때 활동한 선지자다. 북이스라엘을 멸망시킨 앗수르가 쇠퇴의 길을 걷고 있을 때 중심 세력으로 떠오르는 나라가 바벨론이었다. 당시 남유다는 친애굽 정책을 펴고 있었는데, 예레미야는 바벨론에게 항복해야 한다고 선포하여 반역죄로 몰리고 비난받았다. 결국 시드기야 왕의 미움을 받아 예레미야는 감옥에 갇혔다.

그런데 그런 와중에 하나님은 예레미야에게 '너는 아나돗에 있는 밭을 사라' 하는 아주 희한한 명령을 하셨다(렘 32:7). 아나돗은 예루살렘에서 북동쪽으로 4km 정도 떨어진 곳으로, 예리미야의 고향이었다. 하나님이 바벨론을 사용하여 유다를 심판하겠다고 하셨기 때문에 나라의 위기 앞에서 땅을 사 둔다는 것은 상식적으로 납득할 수 없는 명령이었다.

하나님은 왜 예레미야에게 이런 납득하기 힘든 명령을 내리신 것일까? 모르면 몰랐지, 곧 망할 것을 알고 있는데 과연 그 땅을 살 수 있는 사람이 몇이나 될까? 그러나 하나님의 생각은 다른 곳에 있었다. 역사를 주관하시는 하나님이 곧 소망이시라는 사실을 알려 주고자 하신 것이다. 즉 하나님이 예레미야에게 밭을 사라고 명령하신 것은 사실 소망을 사라고 명령하신 것이다.

예레미야는 증인들과 많은 사람이 지켜보는 앞에서 땅을 매매한다. 예레미야는 은 17세겔(193.8g)을 달아 주되, 증서를 써서 봉인하고 증인을 세워 은을 저울에 달았다. 망하게 될 것이 뻔히 내다보이는 상황에서 정식 가격을 지불하고 땅을 산다는 것은 결코 '정상적인 매매 행위'는 아니었다. 그러나 예레미야는 공개적으로 매매 행위를 보여줌으로써 하나님 안에 있는 '산 소망'을 사람들에게 드러내었다.

당시는 남유다 백성들이 바벨론 포로로 끌려갈 무렵이었다. 이스라엘 백성은 70년 동안의 포로기 이후 다시 돌아온다. 하나님의 소망을 믿는다고 해도 70년 후에 회복될 나라의 땅에 투자한다는 것은 참 힘든 일이었을 것이다. 그러나 예레미야는 하나님을 믿고 시간에 투자했다. 그 신뢰의 결과로 하나님은 예레미야를 통해 이스라엘 귀환의 초석을 마련하셨다.

시간에 투자하라

1626년 네덜란드의 서인도 총독은 지금의 미국 뉴욕의 맨해튼을 인디언에게서 단돈 24달러에 구입했다. 이것은 세계에서 가장 어리석은 거래였다고 알려져 왔다. 연 8퍼센트의 이자율로 계산하더라도 매년 2달러 이자를 400년 동안 받았을 때 지금 현재 가치는 원금 24달러와 이자 8백 달러를 합한 824달러에 불과하다. 인디언들은 세계에서 가장 비싼 땅을 현재 가치로 824달러 밖에 안되는 돈에 팔았으니 어리석기 짝이 없었다.

그러나 이것은 단리로 계산 했을 때 이야기다. 만약 당시 인디언들이 이 돈을 쓰지 않고 복리로 저축했다면 얘기가 달라진다. 24달러에 연 8퍼센트의 복리를 적용하면 이 돈으로 미국과 캐나다를 사고도 남는 정도의 돈이 된다. 이처럼 복리는 시간이 지남에 따라 눈덩이처럼 커지기도 한다.

과연 단리와 복리는 무엇이기에 이처럼 큰 차이를 만드는 것일까? 단리는 원금에 대해서만 이자를 계산하고 복리는 원금과 이자에 이자를 계산한다는 차이가 있다. 복리는 이자를 원금에 포함해서 이자를 주기 때문에, 이자를 주는 기간, 즉 복리 기간이 중요하다.

복리로 돈이 불어나는 것을 계산하는 72법칙이라는 공식이 있는데 이것은 72를 이자율로 나누면 원금의 두 배가 되는 시간을 계산하는 공식이다. 즉 현재 원금 천만 원을 연간 10퍼센트 수익을 내는 곳에 투자하면 7.2년(72/이자율 10)이 지난 후에는 원금의 두 배인 2천만 원으로 늘어나는 것이다. 그리고 여기서 다시 7.2년이 지나면 2천만 원이 4천만 원으로 늘어나고, 또 7.2년이 지나면 8천만 원이 된다. 결국 이렇게 20년이 조금 넘어가면 돈은 기하급수적으로 마구 불어나는 것이다.

복리 효과를 얻기 위해서 필수적인 것은 시간이다. 최소 20년 이상의 시간이 지나야 한다. 그런데 우리나라 직장인들이 이 기간 동안 투자한다는 것은 불가능에 가깝다. 10세 이전에 경제 공부를 시작하여 투자를 한다면 아무리 짧아도 40년 이상의 투자가 가능하니 복리 효과를 거두기에 충분하다. 그런데 이미 나이가 든 어른들은 어떻게 해야 할까? 현실적인 대안은 운동을 열심히 해서 오래 살려고 노력하고 자녀들에게는 빨리 경제 교육을 시키는 것이다.

복리식 용돈

합리적인 소비가 안 되는 아이들이라면 용돈의 체계를 바꿀 필요가 있다. 나는 첫째 딸 예림이가 다섯 살 때 용돈 교육을 처음 시켰다. 처음에는 일주일에 천 원씩 용돈을 주고 원하는 곳에 쓰게 했다. 그런데 천 원씩 한 달을 모아 봐야 고작 4천 원밖에 되지 않다 보니, 아이는 왜 용돈을 절약해야 하는지를 알지 못했다. 돈을 모으면 뭔가 보람이 있어야 하는데 고작 다섯 살인 아이는 그런 보람을 느끼지 못했던 것이다.

나는 돈 모으는 재미를 알려 주기 위해 용돈을 이용해야겠다는 생각이 들었다. 그리고 생각해 낸 것이 아이들 용돈을 복리식으로 늘어나게 하는 것이었다.

복리식 용돈은 용돈으로 천 원을 주고, 일주일에 한 번씩 정산해 남아 있는 돈을 두 배로 만들어 주는 방식이다. 일주일 용돈 천 원을 쓰지 않으면, 다음 주에는 용돈 천 원에 돈을 아낀 대가로 천 원을 더해 2천 원을 주는 것이다. 그러면 아이의 통장에는 총 3천 원이 남게 되는 셈이다. 만약 2주 후에도 용돈 3천 원을 한 푼도 쓰지 않고 아낀다면 아이는 4천 원(용돈 천 원+아낀 대가 3천 원)을 받아 총 7천 원을 갖게 된다.

예림이는 절약하면 돈을 모을 수 있다는 생각에 용돈 받을 날짜를 손꼽아 기다렸다. 한 달 동안 아이가 돈을 아끼면 3만1천 원 정도의 돈을 모을 수 있다. 하지만 한 달 이상 이 방법을 유지하면 아이에게 월급을 줘야 하는 불상사(?)가 생긴다. 한 달이 지나면 돈을 은행에 넣고 다시 처음부터 시작한다. 예림이는 돈을 절약하고 모으면 용돈이 불어난다는 것을 느끼기 시작했다. 이것이 복리의 힘이다.

이자에 이자가 붙는 복리 개념의 핵심은 현재의 소비를 아끼고 이자를 재투자하는데, 오랜 시간을 투자하여야 한다는 것이다.

적게 심은 자는 적게 거두고 많이 심는 자는 많이 거둔다 **고후 9:6**

우리는 세상이 불공평하다고 생각한다. 가난한 사람은 부자를 보고 불공평하다고 생각하는 한편 부러워할지도 모른다. 그러나 부자들의 책임을 생각한다면 꼭 부러워할 만한 것은 아니다.

나는 꽤 많은 돈을 투자하는 데 사용했었다. 하루에 주가상승률이 높으면 수천만 원씩 버는 경우도 있었다. 아직 팔기 전이므로 장부상의 수치이지만 말이다. 사람들은 지금 내가 번 돈 수천만 원에 집중한다. 그런데 거꾸로 생각해 보자. 재산이 많으면 주가가 하락할 때는 수천만 원씩 손실을 보기도 한다. 언젠가는 주가가 떨어지면서 하루에 5천만 원이 날라간 적이 있었다. 그것을 보고 내 동생은 말했다.

"아, 돈이 없는 것이 다행이네. 나 같으면 잠 못 잘 것 같아."

돈이 많으면 그만큼 고난도 함께 온다. 돈이 없다면 하나님이 주신 공평한 시간에 투자하는 것이 좋다. 돈이 없는 사람이 돈으로 투자하려고 하면 언젠가 자신보다 더 돈이 많은 사람과 경쟁해야 하고 결국 비교의식때문에 좌절할 수도 있다.

하나님은 누구에게나 똑같은 시간을 주셨다. 공정하게 갖고 있는 시간에 투자하는 것이 가장 안전한 투자이다. 물론 시간에 투자하는 것이 쉬운 일은 아니다. 온갖 거짓 뉴스와 거짓 정보가 우리의 인내심을 시험하기 때문이다.

두려워 말라

> 두려워하지 말라 내가 너와 함께 함이라 놀라지 말라 나는 네 하나님
> 이 됨이라 내가 너를 굳세게 하리라 참으로 너를 도와주리라 참으로
> 나의 의로운 오른손으로 너를 붙들리라 **사 41:10**

성경에는 '두려워 말라'는 구절이 총 366번 등장한다. 이는 교회가 수천 년 동안 고통과 고난에 빠진 영혼들에게 강력한 희망을 불어넣는 영원한 위로의 말씀으로, 우리가 매일을 담대하게 살길 바라는 하나님의 마음이 담겨 있다. 그만큼 하나님이 우리에게 가장 강조하고 싶어 하시는 말씀이 바로 '두려워하지 말라!'는 것이라 생각한다.

그런데 이 말씀이 이사야서에만 34번으로 가장 많이 등장한다. 이사야서는 신구약 성경의 축소판이라는 말을 많이 한다. 구약 39권, 신약 27권으로 이루어진 성경 66권과, 이사야서의 66장이 그럴듯하게 맞아떨어지기 때문이다. 그런 책에서 '두려워하지 말라'는 말씀을 34번이나 하고 있는 것만 봐도, 우리는 어지간히 세상에서 담대하게 살지 않으면 안 될 것이다.

투자에서 우리를 가장 두렵게 하는 일이 무엇인가? 바로 불확실성이다. 미래를 맞출 수 있는 능력이 있다면 얼마나 좋을까. 내일 주식이나 부동산 가격이 어떻게 될지, 혹은 오를지 내릴지 정

도만이라도 알 수 있다면 부자가 되는 것은 시간문제일 것이다. 그러나 금융 시장은 언제나 불확실하고 항상 우리를 불안하게 한다. 금리 문제, 실업 문제, 경기 상황, 성장률, 신용 등급, 전쟁이나 인플레이션 디플레이션, 거기에 해외 상황까지 등장하면 투자자들은 극심한 스트레스에 빠져든다.

이런 상황이 발생하면 언론은 또다시 금융위기가 올 것이라는 뉴스를 터트리고 투자자들은 불안과 공포에 떨기 마련이다. 공포감이 극대화 되면 인내심이 적은 투자자들부터 시작해 대부분의 개인 투자자들은 갖고 있던 주식이 더 떨어지기 전에 털어 버린다. 역사적 사실은 이런 사람은 절대 투자로 돈을 벌지 못한다는 것을 말해 준다.

주가는 올라도 걱정이고 떨어져도 걱정이다. 오르면 오르기 전에 더 사지 못한 것을 걱정하고 떨어지면 더 떨어질까 봐 걱정한다. 인생도 투자도 온통 걱정과 두려움과 동행한다. 이런 상황에서 투자자들은 어떻게 두려움을 없앨까?

이제 투자를 시작하는 사람이라면 현금을 쥐고 절대적인 확신이 들 때까지 기다리는 편이 좋다. 이미 투자를 해놓은 사람이라면, 그리고 투자한 회사를 믿는다면 주가 등락에 관계없이 주가가 오르는 날까지 인내하는 것이 두려움의 극복 방법이다.

chapter 11

투자는

성경적인가?

투자와 투기의 차이

'투자가 성경적인가?'하는 문제는 대답하기가 참 어려운 분야다. 돈 자체가 주는 부정적인 이미지 때문에 돈을 거룩하다고 말하는 사람은 거의 없다. 이자를 받는 것이 거룩한 돈일까? 주식투자는 거룩한 돈일까? 주식 투자는 불로소득이기 때문에 비성경적이라는 이미지가 강하다. 그런데 과연 주식 투자가 비성경적이라면 전 세계 금융업 종사자들은 비성경적인 일을 하고 있다는 말인가?

주식을 무조건 '투기'로 생각하고 마약과 동급으로 취급하며 기피하는 사람들이 많다. 주식은 '돈 놓고 돈 먹는' 부정한 행위이며 주식 투자는 '쪽박 차는 지름길, 잘 돼 봐야 운이 좋은 것, 결과가 좋았다고 하는 건 사기'라는 투자 패배주의가 만연한다.

이런 인식을 바꾸기 위해서 우선 생각해 볼 것이 '투자'와 '투기'의 차이다. 내가 생각하는 투자와 투기의 정의는 '알고 하면 투자, 모르고 하면 투기'이다. 투기가 되지 않으려면 공부를 많이 해서 아는 것의 범위를 넓히든지, 아니면 좁게라도 내가 아는 것에만 집중해서 투자를 해야 한다.

대체로 개인 투자자들은 투기를 하면서도 투자를 한다고 착각한다. 실제 자신이 무엇에 투자하는지 알지도 못하고, 또 알려고 하지도 않는다. 부동산을 매입하면서 내가 산 땅, 집이 있는 곳에 한번 가 보지도 않는다면 그것은 '묻지마 투자', 즉 '투기'일 것이다.

주식도 마찬가지다. 투자하는 회사가 무엇을 만드는 회사인지, 또 그 회사가 매출이 얼마고 이익을 얼마나 내는지, 다른 회사와 비교해서 어떤 강점이 있는지 등 가장 기본적인 것이라도 알고 투자하는 개인 투자자들이 과연 몇 명이나 될까? 심지어 자신이 투자한 회사의 이름도 모르고 투자하는 사람도 많다. 아무리 오래 투자를 해도 알지 못하고 투자하면 투기이다.

가장 확실한 투자를 하라

우리는 이미 가장 확실한 투자를 하고 있다. 바로 세상이 아닌 하나님 아버지께 우리 인생을 모두 드리는 엄청난 투자를 하고 있는 것이다.

호세아 시대의 종교적인 열심은 대단했다. 그러나 그 땅에는 진실도, 사랑도, 하나님을 아는 지식도 없었다. 있는 것이라고는 저주와 사기와 살인과 도둑질과 간음뿐이었다. 살육과 학살이 그칠 사이가 없었다. 하나님을 섬기면서도 지방의 산당에서 바알을 섬겼고 점을 치기도 했다. 제사장들마저도 부정하고 음행했으며 하나님을 아는 지식이 부족했다.

> 내 백성이 지식이 없으므로 망하는도다 **호 4:6**

그래서 하나님이 회복시켜 주실 것을 신뢰하고 소망하며 "여호와께로 돌아가자"라고 말한다.

> 우리가 여호와를 알자 힘써 여호와를 알자 **호 6:3**

이것을 보면 이전 삶의 부패와 심판 받음의 원인이 '여호와를 알지 못하는 무지'였다는 뼈아픈 자기 성찰을 반영하고 있다.

선지자, 예언자는 히브리어로 '나비'인데, 이 단어에는 '부글부글 끓다, 거품이 일어난다'는 뜻이 담겼다. 즉 선지자는 하나님의 말씀이 자기 속에서 부글부글 끓는 사람이다.

한편 선지자는 선견자라고도 한다. 즉 선지자는 남들이 못 보는 것을 보든지, 남보다 앞서 보는 사람이라는 말이다. 여기에는 '대변하다'라는 뜻이 담겨 있는데 미래의 일을 예언하는 것이 아니라 하나님의 뜻을 전달하는 것을 가리킨다.

> 그 후에 내가 내 영을 만민에게 부어 주리니 너희 자녀들이 장래 일을 말할 것이며 너희 늙은이는 꿈을 꾸며 너희 젊은이는 이상을 볼 것이며 **욜 2:28**

그런데 성경은 말세에는 성령을 받은 모든 성도가 예언과 꿈과 환상을 말할 수 있다고 말한다.

사실 구원에 대한 문제는 신학자 사이에서도 논쟁이 있는 아주 어려운 문제이다. 우리는 죽음의 상태에 가 보지 않았기 때문이다. 즉 천국과 지옥이 있느냐 없느냐는 그리스도인에게 신앙의 본질을 흔드는 문제이다. 그리스도인은 천국이 있다고 믿고, 하나님을 믿고 주님의 일을 열심히 하려고 노력한다. 천국이 없다면 예수님을 믿어도 아무런 상급이 없으므로 필요가 없어지는 것이다.

나는 불신자들에게 투자 관점에서 이 문제를 설명해 본 적이 있다. 내가 아무리 믿는다고 하더라도 천국을 보여 달라고 하면 보여 주지는 못한다.

그리스도인은 천국이 있다고 생각하고 열심히 신앙생활을 했다. 그런데 사후에 가 보았더니 천국이 없는 것이다. 그러면 수십 년 열심히 신앙생활한 것이 무의미해진다. 헌금한 것이 아까울 수도 있고 주일날 하고 싶은 것도 못하고 예배 참석하고 먹고 싶은 술을 먹지 못한 것의 아쉬움이 있을 것이다. 그러나 이것은 큰 위험은 아니다. 억울하지도 않을 것이다. 왜냐하면 예배에 참석하는 것이 얼마나 은혜로운 시간인지, 또 신앙생활을 하면서 얼마나 평강을 찾았고 은혜를 받았는지 생각해 보면 이미 이 세상이 천국이었음을 알게 되기 때문이다.

반면 비그리스도인은 천국이 없다고 생각하고 세상의 것을 추구하며 살았다. 그런데 사후에 보니 천국과 지옥이 있어 지옥으로 갔다고 해보자. 이것은 그리스도인에게 천국이 없는 것과는 비교도 안될 만큼 위험한 일이다. 지옥은 우리가 생각하는 정도를 훨씬 뛰어넘는 고통이 있는 곳이다. 무엇보다 시간의 끝이 없이 영원히 지옥 불에 떨어지는 형벌이다. 아마 이 세상에서 왜 예수님을 믿지 않았는지 후회가 막심할 것이다.

투자 관점에서 본다면 나는 당연히 그리스도인의 길을 따르겠다. 내가 받은 은혜에 비하면 나는 아무런 대가도 지불하지 않고 있기 때문이다.

20대를 위한 경제학_
목돈 만드는 습관 들이기

1. 목돈 만들기에 가장 필요한 것은 무엇인가요?

사회 초년생은 재테크를 하려고 해도 돈이 워낙 없다 보니까 돈이 불어난다는 느낌을 받지 못합니다. 수익률이 높아도 손에 쥐는 것이 별로 없거든요. 그래서 사회 초년생에게는 목돈을 만드는 것이 가장 중요한 출발입니다. 사실 목돈을 만드는 것은 비결보다도 습관이 좌우합니다. 그래서 목돈 만들기는 '습관의 예술'이라고 합니다.

2. 돈 관리에 필요한 습관은 무엇인가요?

20대 재테크 성공의 1순위는 '안 쓴다'입니다. 절약하는 습관이 안 되고서는 어떤 재테크도 무용지물입니다. 저는 계획 없이 돈을 쓰는 것이 습관적으로 허락되지 않습니다. 그래서 충동구매를 극도로 싫어합니다. 시장에 가거나 마트에 갈 때도 꼭 메모지에 기록해서 가는데,

보통 아내는 메모에 없는 것을 사기도 합니다. 그러면 저는 관심 없다는 듯이 다른 곳으로 가 버립니다. 메모를 해서 가더라도 필요한 것이 생각나지 않아서 빠뜨렸을 수도 있다고 생각할지 모릅니다. 그러나 그것은 정말 필요한 것이 아니었을 수도 있습니다. 정말 당장 필요한 것이 아니라 있으면 편하지만 없어도 크게 불편하지 않은 것이죠. 겨울에 입을 옷이 필요하지만 굳이 봄에 살 필요는 없습니다.

3. 당장 필요하지 않은 것을 소비하는 습관을 막는 방법이 있을까요?

소비통장을 만들어야 합니다. 소비를 위해서 쓸 돈을 마련하는 통장인데요, 매월 월급이 들어오면 소비통장으로 소비할 금액을 이체시킨 후 이 통장에 있는 금액만 가지고 써야 하는 것입니다. 소비통장을 만들고 그 금액 범위 내에서만 쓰면 좋은데 신용카드를 쓰면 그 이상 쓰게 될 수도 있습니다. 그러니까 카드를 없애야 하는 것이지요. 절약하는 습관이 되어 있다면 모르지만 그렇지 않다면 반드시 신용카드는 잘라 버리세요. 이것이 절약하는 습관을 만들어 줍니다.

4. 소비 습관과 더불어 또 다른 습관은 무엇이 있나요?

20대가 가져야 할 두 번째 습관은 저축하는 습관입니다. 사실 대부분 사람들은 돈이 없어서 저축할 돈이 없다고 말하기도 합니다. 그러나 보통 직장에 다니는 사람이라면 돈이 없어서 저축할 돈이 없는 것이 아니라 순서가 잘못되어 있기 때문입니다. 즉 먼저 소비를 하고 남은 돈을 저축하려고 하기 때문에 저축할 돈이 없는 것입니다. 저축하는 습관은 '선 저축, 후 소비' 하는 것을 말합니다.

5. 저축하는 습관은 돈 지출의 우선순위를 바꾸라는 것인가요?

저축하는 습관을 갖기 위해서는 저축통장을 만들고 월급통장에서 저축통장으로 자동이체 시키는 것이 좋습니다. 저축부터 하고 소비를 해야 하는 것입니다. 습관이라는 것은 시스템입니다. 의지만으로 하기 힘들기 때문에 환경을 바꿔야 합니다.

여기에서 또 하나 중요한 것은 저축통장에는 반드시 이름이 있어야 한다는 것입니다. 저축통장은 미래에 쓸 돈을 준비하는 통장이므로 어디에 언제 쓸 것인지 이름을 붙이고 그 목적 외에는 사용해서는 안 됩니다. 어떻게 보면 저축통장은 미래 소비를 위해 준비하는 통장과 같습니다.

6. 돈을 불리기 위해서는 어떻게 해야 하나요?

저축은 돈이 모아진다는 장점은 있지만 이자가 너무 낮아서 돈을 불리기에는 어려움이 있습니다. 그래서 필요한 마지막 습관이 투자하는 습관입니다. 투자는 지식이나 경험이 필요한 것으로 생각하는데, 20대 때는 투자 습관이 더 중요합니다. 투자 고수에게는 지식이나 경험이 수익률을 좌우하지만 사회 초년생에게는 지식이나 경험이 부족하기 때문에 투자 습관을 먼저 잡아 놓는 것이 중요합니다.

　이것도 투자통장을 만들고 투자통장에 자동이체를 해놓는 것부터 시작합니다. 투자통장으로 들어가는 돈은 돈을 불리는 것이 목적입니다. 이 통장의 돈은 주식이나 펀드, 부동산 구입을 위해 사용될 통장입니다. 저축통장과 투자통장은 돈을 모은다는 면에서는 비슷할 것 같지만 저축통장 외에 투자통장을 만드는 특별한 이유가 있습니다. 투자통장은 매월 얼마씩 펀드나 주식을 구입한다는 의미가 있습니다. 목돈으로 한꺼번에 투자를 하는 것이 아니라 매월 얼마씩 계속 투자를 하는 '투자 습관'을 만드는 것입니다. 이것은 시간을 분산시키는 투자 전략으로 우리가 흔히 말하는 적립식 펀드 같은 원리이죠. 또 매월 투자를 하면 계속적으로 경제에 관심을 갖고 공부를 하게 되는 또 다른 이점이 있습니다.

돈 어떻게 소비할 것인가?

헛된 것과 거짓말을 내게서 멀리 하옵시며 나를 가난하게도 마옵시고
부하게도 마옵시고 오직 필요한 양식으로 나를 먹이시옵소서 혹 내가
배불러서 하나님을 모른다 여호와가 누구냐 할까 하오며 혹 내가 가난
하여 도둑질하고 내 하나님의 이름을 욕되게 할까 두려워함이니이다
/ 잠 30:8-9

chapter 12

소비의

심리학

신뢰가 비용을 절감시킨다

여자와 남자의 심리 차이를 보면 일반적으로 남자는 목표지향적이고 여자는 관계지향적이라고 한다. 그래서 결혼을 하면 남자는 목표가 달성이 되어 밖으로 도는데, 여자는 관계 형성을 위한 시작을 준비한다고 한다. 그래서 주변에서도 보면 결혼을 하고 나서 남자가 결혼 전과 후에 달라졌다고 하는 사람들이 많다.

사실 연애할 때처럼 결혼생활을 한다는 것이 쉽지는 않다. 보통 남자들은 목표를 정하면 그 목표를 향해서 엄청난 노력을 하지만 목표 달성 후에는 다른 목표를 세운다. 그런데 여자들은 결혼 자체보다 결혼생활이 더 중요하다고 생각한다. 결혼을 했다고 모든 것이 끝난 것이 아니라 새로 시작하는 것이다.

남자와 여자가 서로를 이해하고 존중하는 것이 중요하다. 이런 말이 있다. '남자와 행복하게 살려면 그를 많이 이해하되 조금만 사랑하라. 여자와 행복하게 살려면 많이 사랑하되 조금만 이해하라.' 능력을 인정받고 싶어 하는 남자와 존재를 인정받고 싶어 하는 여자는 돈에 대한 심리에도 차이가 있다.

예를 들어 여자에게 절약이란 소비를 하면서도 검소한 분위기를 즐기는 것이라고 한다. 그러나 남자에게 절약이란 지출 영역을 없애는 것을 의미한다. 그래서 여자들은 필요하다고 생각하는 물건 값을 깎는 데 집중하는데 남자들은 여자들이 이렇게 힘들여 사 온 물건을 필요하지 않은 것이라 단정지어 버린다.

이러한 여자와 남자의 심리 차이를 감안한 효과적인 돈 관리 방법이 있을까? 근본적으로는 결국 신뢰의 문제라고 생각한다. 돈 관리를 어떻게 하든 배우자가 하는 일을 믿고 따르는 것이 좋다.

보통 경제는 심리라고 하는데 이때 심리는 신뢰를 말한다. 불신하면 갈등이 생기고 갈등은 화목을 깨뜨린다. 가정에서도 신뢰는 가장 중요한 요소이다. 결혼하면 모든 것이 하나로 합쳐져 서로 간의 믿음이 생겨야 하는데, 이때 반드시 통장을 합쳐야 한다.

부부간에 돈 관리를 하다 보면 보통 누가 돈 관리를 할 것인가의 문제가 생긴다. 누군가 한 명이 관리를 한다면 나머지 한 명은 그 사람에게서 용돈을 타서 쓴다고 생각하여 불편하게 생각한다.

누구나 자기 마음대로 쓸 수 있는 돈이 조금이나마 있으면 좋겠다고 생각하고, 그래서 비자금 같은 것이 있으면 든든해 한다.

어떤 사람들은 돈 관리하는 것이 귀찮아서 배우자에게 맡기려는 사람들도 있다. 어떤 집은 맞벌이인데 각자 공동 생활비를 내놓고 나머지는 각자가 알아서 자신의 돈을 관리하는 경우도 있다. 각자 관리하면 냉정하다고 볼 수도 있는데 각자 자신들의 몫을 갖고 있으니까 그것도 합리적이기는 하다. 그런데 이 경우에 발생할 수 있는 문제는, 서로 재산을 얼마씩 갖고 있는지 잘 모르고 추측한다는 것이다. 또 자녀 결혼식이나 병원비 등 목돈이 들어갈 때는 곤란한 상황이 발생하곤 한다.

나는 외벌이인데 통장을 인터넷뱅킹으로 공유하고 약속을 해서 쓸 수 있는 금액을 정해 놓는다. 각각의 생활을 고려해서 용돈을 정하고 그 용돈 범위 내에서 생활비를 알아서 쓰며 세부적인 사용에 대해서는 간섭하지 않는다. 사실 부부간에 효과적인 돈 관리 방법이 따로 있는 것은 아니지만 근본적으로 중요한 것은 신뢰이다. 통장을 공유해서 둘에서 하나로 만들면 돈 관리에도 신뢰가 쌓이는 것 같다.

회사도 마찬가지이다. 우리 회사는 매출을 매일 직원들에게 오픈하고 있다. 직원들은 내 수입을 잘 알고 있지만, 그것에 대해 불만을 갖는다거나 문제 삼는 경우는 거의 없다. 투명 경영을 하지 못하는 이유는 자신이 뭔가 많이 벌고 있다는 것을 상대방에게 알려 주고 싶지 않기 때문이다. 그러나 신뢰가 무너지면 모든 관계가 깨진다. 경제에서 가장 붙들어야 하는 것은 신뢰이다.

> 또 만물을 그의 발아래에 복종하게 하시고 그를 만물 위에 교회의 머리로 삼으셨느니라 교회는 그의 몸이니 만물 안에서 만물을 충만하게 하시는 이의 충만함이니라 **엡 1:22-23**

에베소서는 다양한 교회의 모습을 말하고 있다. 교회의 머리는 예수님이며 교회는 그리스도의 몸이다. 교회의 기원은 하나님이시며 교회는 하나님이 거하실 처소이다. 예수님은 교회를 세우시고 사랑하시고 구원하시며 거룩하고 영화롭게 하신다. 예수님이 십자가에서 죽으신 사실이 교회의 기초가 되었으며 교회는 하나님의 영광을 찬송하며 복음을 전하는 사명을 갖고 있다. 그리스도인은 교회 안에서 서로 다른 역할을 맡지만 그리스도 예수 안에서 하나되어야 한다.

숫자는 어렵지 않다

막내 겸이가 한창 말을 배울 때였다. 어휘와 문장 능력이 늘어날 때라 학습지가 도착한 날은 특히 공부에 몰입했다. 일주일에 한 권씩, 한 달 분이 한꺼번에 오는데, 겸이는 네 권을 한자리에서 모두 해치워 버렸다.

"아빠, 학습지 같이 해주세요."

"그래. 그런데 오늘은 한 권만 하자."

"네!"

자신 있게 대답하지만 분명 한 권이 끝나면 또 하겠다고 졸라 댈 것이 분명했다. 학습지에는 독수리, 부엉이, 꾀꼬리, 까치의 부분 모습을 보고 무슨 새인지 관찰해 보는 내용이 있었다. 내가 독수리를 가리키며 물었다.

"날카로운 눈이 번득번득, 누구일까?"

겸이는 재빠르게 대답했다.

"몰라."

나는 부엉이를 가리키며 다시 물었다.

"동그란 눈이 말똥말똥, 누구일까?"

"몰라."

"진짜 몰라? 잘 보고 생각해 봐."

겸이가 다시 재빠르게 대답한다.

"무서워. 여섯 개 무서워."

겸이는 회계사의 아들답게 '많다', '적다'를 숫자로 표현하는 능력이 탁월했다. 겸이에게 여섯 개는 아주 큰 숫자이다.

공부가 다 끝나고 놀이터에 놀러갔다. 그런데 뛰어가다 넘어져서 겸이가 울기 시작했다.

"괜찮아?"

"아파, 많이 아파. 두 개 아파"

겸이한테는 '두 개 아파'는 많이 아프다는 의미였다. 이렇게 아이들은 자신의 느낌과 생각을 숫자로 표현하기도 한다. 물론 말을 조금 더 배우면 숫자가 점점 커지고 초등학교에 들어가기도 전에 숫자로 표현하는 것을 잊어버린다.

하루는 내가 네 아이들에게 물었다.

"아빠 사랑해?"

아이들이 말했다.

"네. 많--이!"

나는 또 물었다.

"얼마 만큼?"

열한 살 예림이가 말했다.

"끝없는 세상 만큼."

일곱 살 현빈이가 말했다.

"우주 만큼 바다 만큼."

여섯 살 채니가 말했다.

"천백 개 만큼."

그리고 마지막으로, 네 살 겸이가 말했다.

"다섯 개 만큼."

왜 우리는 숫자로 말하는 것을 싫어할까? 나는 항상 저녁과 주말을 가족과 보내고, 매일 운동하고, 하고 싶은 일을 다 하면서도 회사를 운영하고 책도 내고 강의도 다닌다. 그 비결은 모든 시간을 30분 단위로 쪼개서 중요한 것에 집중하는 것에 있다. 그렇게 말하면 사람들은 이런 반응을 보인다.

"그냥 살면 되지 뭘 그렇게 머리 아프게 살아요?"

그러나 숫자로 살면 머리가 아픈 것이 아니라 오히려 개운하다.

숫자로 살지 않는 사람을 보면 항상 시간이 없다고 한다. 시간에 얽매여 사는 것을 보면 내가 답답할 정도이다. 숫자로 사는 나를 보면서 머리 아프다고 했던 사람들이 오히려 힘들게 살고 있는 것을 본다. 숫자는 머리 아픈 것이 아니라 삶을 객관적으로 보여 주므로 실행력을 높여 주는 것이다.

부자들을 보면 돈을 기록하는 습관이 몸에 배어 있는 경우가 많다. 그런데 가난한 사람 중에는 돈을 기록하지 않는 것이 몸에 배어 있다. 가계부를 쓰라고 하면 없는 돈 적어서 뭐하냐며, 돈의 노예가 되기 싫다면서 그냥 산다. 그러나 그런 사람들 중 진정 돈으로부터 자유한 사람을 못 봤다.

오히려 돈의 출납을 숫자로 기록하고 계획하며 착실하게 모으는 사람들이 돈에 집착하기보다는 주어진 돈으로 자신을 위해 살아가는 반면, 들어온 돈이 어디에서 어떻게 나가는지 모르는 사람들은 오로지 돈을 위해 일하면서 돈의 노예로 살아가는 경우를 종종 목격한다.

숫자는 느낌이나 감정 같은 심리를 객관화 시켜 준다. 찬송가 429장, 〈세상 모든 풍파 너를 흔들어〉의 가사를 보면 숫자에 대한 이야기가 나온다.

세상 모든 풍파 너를 흔들어 약한 마음 낙심하게 될 때에
내려 주신 주의 복을 세어라 주의 크신 복을 네가 알리라
받은 복을 세어 보아라 주의 크신 복을 네가 알리라
받은 복을 세어 보아라 주의 크신 복을 네가 알리라

숫자를 다루는 회계사로서 숫자의 힘을 느낄 때가 많다. 회계는 경영을 숫자로 표현한 것이다.

그냥 경영을 하면 되지 왜 숫자로 표현할까? 그것은 현재 상태를 객관적으로 보기 위해서 그렇다. 느낌으로 보는 것과 숫자로 객관화 시켜 보는 것은 큰 차이가 있다.

우리는 하나님이 99가지의 복을 주셨는데 한 가지 어려움이 생기면 그 한 가지 어려움에 불평한다. 99가지를 잘해 줘도 아무 필요가 없는 경우가 있다. 왜냐하면 우리는 은혜에는 무뎌지고 힘든 한 가지 상황에 민감해지기 때문이다. 이럴 때 느낌을 최대한 절제하고 사실을 제대로 보게 하는 것이 숫자이다.

하나님께 받은 복을 모두 적어 세어 보라. 하나님이 내려 주신 많은 은혜에 감사하게 될 것이다. 당신의 가계를 숫자로 기록해

보라. 당장 습관을 들이는 것이 힘들겠지만, 꾸준히 기록하다 보면 계획 없이 돈에 메여 살던 인생에서 전략적으로 돈을 다스리는 인생을 살게 될 것이다.

chapter 13

우선순위를 아는 것이
재정관리의 첫 걸음

우선순위를 파악하면 쉽다

수년 전에 가족들과 여행을 간 리조트에서 아침밥을 먹고 나왔는데 식당 옆에 기념품 파는 곳이 있기에 들렀다. 아이들은 이 것저것 구경을 하더니 인형을 사 달라고 말했다. 집에 인형이 많이 있고 또 그 인형이 별로 예쁘지도 않았다. 아이들은 조금만 시간이 지나면 잊어버릴 것이기 때문에 나는 적당히 핑계를 댔다.

"지금 말고, 이따가 너희들이 말 잘 들으면 사 줄게."

그러자 여섯 살이던 채니가 말했다.

"어떤 말?"

나는 어떤 말을 할까 고민하다가 입을 열었다.

"이따 점심 잘 먹으면 점심 먹고 사 줄게."

아이들은 밥을 잘 먹지 않을 것이 분명하므로 선물을 안 사줄 명분이 충분이 되었다. 그러자 채니가 굳은 표정으로 말했다.

"아빠는 왜 맨날 밥만 먹으래?"

사실 아이들에게 밥 먹는 일은 그리 중요하지 않다. 그 시간에 뛰어 노는 것이 더 즐겁다. 우선순위가 다른 것이다.

아이들 간에도 우선순위는 너무나 다르다. 첫째 딸 예림이는 무엇이든 해야 할 일이 있으면 그것부터 한다. 숙제든 과제 준비든 학교에서 오자마자 해결한다. 그런데 둘째 현빈이는 반대로 자신이 하고 싶은 것부터 한다. 그리고 저녁이 늦어서야 숙제를 시작한다. 주말에는 꼭 일요일 저녁 늦게 숙제를 못 했다고 다급해 한다. 반드시 해야 할 일을 먼저 하면 놀면서도 마음이 편할 텐데 그게 잘 고쳐지지 않는다.

말씀을 읽으면 인생의 우선순위가 보인다

고레스 칙령으로 귀환한 이스라엘 백성들이 성전 재건에 들어갔는데, 이 일이 16년 동안 중단된다. 선민들도 먹고 살 길이 막막하고 자신의 집도 없는데 어떻게 성전을 짓는 일부터 하느냐고 불만을 제기했다. 이때 학개 선지자가 책망하며 우선순위를 교정해 준다.

너희는 산에 올라가서 나무를 가져다가 성전을 건축하라 그리하면
내가 그것으로 말미암아 기뻐하고 또 영광을 얻으리라 **학 1:8**

학개 선지자는 "너희는 먹고 살기 어려워 성전 짓기를 못 하겠다 하지만, 오히려 성전을 먼저 짓지 않았기 때문에 먹을거리가 없다"고 말한다. 성전은 단순히 건물을 세우는 것이 아니라 하나님의 임재를 상징하기 때문이다. 그래서 성전을 지을 수 있는 충분한 준비가 되어 있지 않을지라도 건축을 위하여 지금 할 수 있는 그것을 하라는 의미이다. 이와 같은 사실은 하나님의 백성들에게 성전을 건축하는 일이 그만큼 시급한 일이라는 것을 말해 주고 있다. 한편 여기에는 각자 형편에 맞는 성전을 지으라는 뜻도 있다.

우리 인생도 힘이 든다. 인생이 힘든 이유야 여러 가지겠지만 대체로 어떻게 살아야 할지 잘 모르고 또 물어볼 사람도 없어서 외롭고 힘들다. 그런데 그리스도인에게는 인생 매뉴얼이 있다. 그것은 말씀(성경)과 기도이다. 성경은 인생이란 무엇이며 어떻게 살아야 하는지 알려 주는 매뉴얼이다. 성경이 이해가 안 되면 하나님께 물어보면 된다. 그것이 기도이다.

내가 성경을 한 달에 한 번씩 통독한다고 하면 사람들은 그 비결을 묻는다. 물론 내가 속독하기 때문에 성경을 매월 1독하는 것도 있지만 사실 더 중요한 것은 매일 새벽 눈을 뜨자마자 성경 읽

기로 하루를 시작하는 것이다. 그러면 하루에 1-2시간 투자로 한 달에 한 번씩 성경을 통독할 수 있다. 내 삶의 우선순위는 천지를 창조하신 하나님이 제일 잘 아시기 때문에 하나님 말씀을 읽고 기도로써 간구하는 것이 중요하다. 그러면 삶의 본질이 보이고 우선순위가 보인다.

돈 모으는 비결? 선 저축, 후 지출!

나는 교회에 다니기 전에는 엄청난 주당이었는데, 지금은 술을 끊었다. 그래서 회식 자리나 술자리에 가서 술을 안 마시는 것이 얼마나 힘든 일인지 안다. 하고 싶은 것을 인내하는 것은 정말이지 너무나 힘들다. 그래서 나는 술을 끊기 위해 술자리를 만들지 않았다. 그게 내가 술을 성공적으로 끊게 된 비결이다.

돈 문제도 마찬가지이다. 돈을 가지고 있으면서 안 쓰는 것은 정말 힘들다. 그러나 통장에 돈이 없으면 덜 쓰게 된다. 이것은 지출을 줄이기 위해 돈을 안 번다는 말이 아니라 돈 관리 방식에 관한 것이다. 선 저축을 하고 후 지출하라는 이야기이다. 사람들은 쓰고 남은 것을 저축하려고 하는데 이런 구조 속에서는 돈을 다 써버리기 때문에 나중에 저축할 돈이 거의 없다.

'선 지출 후 저축'과 '선 저축 후 지출'은 동일한 수학 방정식 같지만 결과는 완전히 다른 심리 경제학이다. 먼저 지출하고 남은 돈을 저축하려는 것은 불가능한 일이다. 월급통장에서 먼저 저축통장으로 자동이체를 해 놓은 다음 남은 돈으로만 쓰면 통장에 있는 돈으로 생활하게 되고 지출이 줄어든다.

많은 사람들은 '쓰고 남은 것'을 저축하려고 한다. 그러나 성공하는 사람들은 먼저 저축하고 나머지로 생활을 영위한다. 돈 관리 시스템의 변경은 행복지수를 유지하면서 저축을 늘리는 방식이다.

통장에도 별명을 붙여라

어느 날 첫째 예림이가 말했다.

"아빠, 우리 원카드 게임 해요."

그러자 나 대신 네 살이었던 겸이가 먼저 대답했다.

"나도 할래."

그러자 예림이가 말했다.

"너는 애기라서 못해."

겸이가 지지 않고 말했다.

"나 애기 아니야."

예림이가 너는 카드 게임을 할 수 없다는 듯이 말했다.

"너 애기야."

그러자 겸이가 말했다.

"애기 아니야. 나 겸이야!"

그렇다. 겸이는 겸이다. 우리 집 아이들은 2남 2녀로, 네 명 모두 각자의 이름이 있다. 또한 그들의 성격은 각자가 너무나도 다르다. 첫째 예림이는 짜증을 잘 낸다. 둘째 현빈이는 남자인데도 툭하면 삐진다. 셋째 채니는 생기발랄하면서 떼쓰기 대장이다. 넷째 겸이는 누구의 통제도 통하지 않고 자기 하고 싶은 것을 다하는 왕 개구쟁이다. 그래서 나는 우리 아이들의 별명을 이렇게 지었다. 예림이는 짜쟁이, 현빈이는 삐쟁이, 채니는 떼쟁이, 그리고 막내 겸이는 자유인. 별명은 이렇지만 그래도 너무 예쁜 우리 아이들이다.

이름이나 별명을 붙이는 것은 금융에서도 아주 중요하다. 처음 교회에 출석했을 때 주보를 보았는데 특이했던 것은 광고란에 실린 교회 헌금 내역이었다. 사실 그 전까지 나는 교회 헌금이라는 것이 십일조만 있는 줄 알았는데 알고 보니 5-6가지나 있었다. 감사헌금, 건축헌금, 선교헌금, 구제헌금, 장학헌금 등, 헌금 종류마다 봉투 모양이 각기 달랐고 내가 낸 헌금은 그 목적대로만 쓰인다고 했다. 건축헌금으로 헌금하면 성전 건축에 쓰이는 것이다.

그런데 이것은 지출 관리를 정확히 하기 위해 권하는 방법인 통장 쪼개기와 닮았다. 통장을 목적별로 만들어 그 목적에 쓰일 돈을 모으는 것이다. 근본적으로 돈 관리는 수입이 내 주관이나 감정대로 움직이지 않고 계획된 목적대로만 돈이 쓰이도록 하는 시스템이다. 그래서 수입통장과 지출통장 모두 이름을 붙여 놓는 것이 중요하다.

회계에서는 여기에 한 가지 더 미래 부채통장을 만들도록 하고 있다. 반드시 갚아야 하는 부채통장을 만들어 관리하면 세 가지의 현금 흐름인, 수입, 지출, 재투자가 자동으로 되는 셈이다. 가계에서 돈 관리를 아주 잘하는 일부 사람들은 수입과 지출통장 관리를 잘한다.

수입이 불규칙한 자영업자나 프리랜서는 연평균 수입을 12로 나누어서 매월 평균 수입을 계산하고 평균 수입보다 더 많이 들어오는 달에는 초과분을 반드시 여유자금통장으로 이체시켜 놓아야 한다. 이것은 매월 평균 수입에 미달하는 경우에 유용하게 쓰일 돈으로, 이 또한 미래에 대한 준비이다.

통장 쪼개기로 시작하는 성전 수리

사무엘서와 열왕기서의 내용이 반복되는 역대기에는 요아스의 성전 수리 내용이 나온다.

요아스 왕이 대제사장 여호야다와 제사장들을 불러 이르되 너희가 어찌하여 성전의 파손한 데를 수리하지 아니하였느냐 이제부터는 너희가 아는 사람에게서 은을 받지 말고 그들이 성전의 파손한 데를 요아스는 훼손된 성전을 회복하기 위해 제사장들에게 성전 수축을 명했다. 그런데 성전 수리 비용을 제사장들과 레위인들이 각각 자기가 살던 성읍에 가서 잘 아는 사람들에게 받아 와 충당하게 했다. 그러나 그들은 23년이 지나도록 퇴락한 곳을 수리하지 않았다. 그 이유는 자세히 알 수 없지만 아달랴의 우상숭배 정책으로 피폐해진 제사장들과 레위인들이 그 돈을 생계 수단으로 사용했기 때문일 수도 있고, 성전의 다른 필요한 기명들을 만드는 데에 사용했기 때문일 수도 있다. 근본적으로 제사장들과 레위인들에게 성전 회복에 대한 사명이 부족했던 것이다.

요아스는 성전 수축이 23년 동안 되지 않는 것을 보고 단점들을 보완하여 다시 명령한다. 첫째, 성전 수리를 위한 헌금을 직접 하게 했다. 제사장과 레위인들에게 각 성에 가서 아는 사람에게 받아 오라고 했던 것을 이제는 제사장과 레위인을 거치지 않고 여호야다가 만든 궤를 번제단 옆에 두어 문지기 제사장들을 통해 직접 넣게 했다. 둘째, 성전 수리를 위한 헌금은 오직 성전 수리를 위해서만 사용하게 했다. 비록 성전 기명이라 해도 성전 수리용 돈은 성전 수리에만 사용하게 했다. 셋째, 수리비를 성전 수리를 받은 감독자에게 직접 전달하게 했다. 물론 감독자는 레위인이 맡았을 텐데 건축 담당자에게 직접 주어서 일군을 투입하는

데 유용하게 했다. 넷째, 제사장과 레위인들의 생활을 보장해 주었다. 속죄제와 속건제 헌물은 제사장에게 주도록 하고, 제사장이나 레위인을 위한 헌물과 성전 수리를 위한 헌물을 구분하여 제사장들의 생계를 유지하게 해주었다.

성전 재건은 통장 재건을 위해 통장 쪼개기를 하는 것에 적용된다. 우리 가계의 재건을 위해서도 이 통장 쪼개기를 실천해 보는 것은 어떨까?

금융의 성벽을
재건하라

재테크에도 요요현상이 있다

돈을 모으는 목적이 없이 막연하게 저축을 하는 사람이 많다. 이렇게 저축한 돈은 절대 모이지 않고 다른 곳으로 새나가기 마련이다.

매달 50만 원씩 3년짜리 적금을 들었다고 해보자. 만기가 될 무렵 은행으로부터 전화가 온다. 대략 2천만 원가량 되는 돈이 이번 달 말에 만기가 되니 은행으로 방문해 달라는 전화이다. 아침에 출근을 하는데 이런 전화를 받으면 머릿속에는 온통 이 돈을 어떻게 쓸까 하는 행복한 고민으로 가득할 것이다.

그런데 갑자기 차 브레이크가 말을 잘 안 듣기 시작한다. 어제까지 아무 문제가 없었던 브레이크가 2천만 원이 생긴다는 것을 알고 나자 문제가 되기 시작한다. 차를 바꾸지 않으면 금방 사고라도 날 것만 같다. 이제 차를 사는 것은 기정사실이고 어떻게 아내를 설득할 것인가에 대한 고민을 하기 시작한다.

아내도 적금이 만기된다는 사실을 알고 있다. 아내도 남편과 똑같이 '이 돈을 어디에 쓸까?' 하는 고민을 하고 있다. 그러자 갑자기 냉장고 소리가 크게 들리기 시작한다. 집중할수록 소리는 더 커진다. 어제까지 멀쩡했던 냉장고인데 2천만 원이 생긴다는 사실을 알고부터 모든 것이 문제로 보이기 시작한다. 얼마 전에 냉장고가 터졌다는 기사를 본 기억이 더 또렷해진다. 이제 아내도 남편이 집에 들어오면 어떻게 말을 할까 고민하기 시작한다.

다행히 남편이 먼저 차 이야기를 꺼내자 아내도 때를 놓치지 않고 냉장고 이야기를 꺼낸다. 1천만 원은 차를 사는 데 쓰고 2백만 원은 냉장고를 바꾸기로 결정한다. 물론 차는 2천만 원짜리를 살 것이다. 내 돈 1천만 원과 자본주의의 좋은 제도인 할부를 이용하면 중형차 구입에 도전할 수 있다. 은행에서 들어오지도 않은 돈이 갑자기 차와 냉장고로 바뀌었지만 아직 8백만 원이 남아 있는 것에 주목한다. 하지만 정확히 말하면 할부 빚 1천만 원이 생겼기 때문에 이제 남은 돈은 전혀 없고 오히려 빚이 생겨 버렸다.

무너진 성벽을 완성하다

히브리 성경에는 이스라엘 백성이 바벨론 포로에서 귀환해 성전을 재건하는 내용을 다루고 있어서 에스라와 느헤미야가 한권으로 되어 있다. 유다 백성들이 고레스 칙령으로 다시 고향으로 돌아와 성전의 기초를 놓았다.

> 에스라가 여호와의 율법을 연구하여 준행하며 율례와 규례를 이스라엘에게 가르치기로 결심하였었더라 스 7:10

70년의 바벨론 포로 생활을 마치고 귀환한 이스라엘 백성은 7월 초하루인 나팔절, 예루살렘 수문 앞에 모였다. 그들은 제사장이자 학사 에스라의 인도 하에 예배를 드리는데 그날 하나님은 특별한 은혜를 부어 주셨다.

> 백성이 율법의 말씀을 듣고 다 우는지라 느 8:9

하나님 말씀과의 새로운 만남을 갖게 되자 회개의 역사가 일어났다. 백성들 사이에서 태도가 새롭게 바뀌었고, 결국 5년 만에 성전이 완공되었다.

그런데 사실은 건물로서의 성전을 짓는 일보다 더욱 중요한 것은, 신령한 건축을 하는 것이다. 하나님의 말씀을 즐거워하여 그 말씀을 주야로 묵상하며, 그 말씀 가운데 거하는 것이다.

그런데 지금의 교회들은 서로 경쟁을 하고 있다. 복음을 더 전하기 위해서가 아니라 복음 외적인 것들을 가지고 경쟁하는 것이다. 기독교의 역사를 보면, 중세시대 교회가 한창 힘을 쓸 때에는 훌륭한 예배당을 짓기 위해서 많은 힘을 쏟았다. 그러나 돌이켜 볼 때 교회의 그러한 건물들이 지어질 때가 기독교가 가장 부흥했던 시기가 아니었다. 역사적으로 그때가 기독교가 가장 쇠퇴했던 시대였고 그래서 결국 종교개혁이 일어나고 말았던 것이다. 오히려 초대교회 시절 성도들이 핍박을 받으며, 지하 카타콤에서 살면서 예배를 드리고 복음을 전하던 그 시기가 교회의 부흥기였다. 하나님이 그 전을 아름답게 하시기 위해서 보내신 사람은 목수나 실내 인테리어 전문가가 아니라 바로 에스라였다.

느헤미야는 히브리 성경에서 에스라와 함께 묶여 있어서 에스라의 후편이라고도 한다. 동족의 형편에 슬퍼한 느헤미야는 황폐한 예루살렘 성벽을 재건하겠다는 목표를 세운다. 여러 방해꾼들의 방해에도 이것을 기회로 바꾸고 땀 흘리며 수고한 백성의 노력으로 마침내 52일 만에 예루살렘 성벽이 완성된다.

하나님은 멀리 수산 궁에 사는 느헤미야를 예루살렘으로 돌아오게 하셔서 성벽을 보수하게 하셨다. 성벽 재건이 그토록 중요한 이유는 무엇일까? 고대 세계에서 성은 그 성읍 사람들의 생존을 보장해 주는, 없어서는 안 될 중요한 것이었다. 성을 쌓았다는

chapter 14_금융의 성벽을 재건하라

것은 그 나라의 정치적인 자주권을 보여 주는 것이기도 했다.

그래서 느헤미야는 예루살렘 성을 쌓아 이스라엘이 포로 생활에서 해방되어 자주적인 한 나라가 되었음을 보여 주고 정치적 중심지에 예루살렘을 외침으로부터 보호하려고 했던 것이다. 또한 귀환민들을 성벽 재건 작업에 참여시켜 무너진 예루살렘 성벽을 재건하고 유다 공동체를 회복시키려는 목표가 있었다. 예루살렘 성은 이방 민족과 이스라엘과의 거룩성을 구별하기 위한 경계를 상징하는 것이었다.

통장의 성벽을 재건하라

생각보다 많은 가정의 통장의 성벽이 무너져 있다. 그러니 열심히 일해 돈을 벌고 아무리 아껴 써도 저축보다는 빚이 생기는 악순환이 계속된다.

기본적으로 사람들은 돈을 쓰면서 즐거움을 얻는다. 항상 빚의 위험보다 돈을 쓰는 재미가 우선하므로 빚을 내서 소비를 한다. 돈 쓰는 재미는 지금 당장 맛볼 수 있는 반면 빚은 나중에 문제가 터지므로 시간차를 극복하지 못하고 당장 쓰고 보는 것이다.

많은 사람들이 이것을 알면서도 실행으로 옮기지 못하는데, 그 이유는 무엇일까? 그것은 돈 쓰는 환경에 노출되어 있기 때문이다. 독서, 과소비, 빚, 술, 담배 등 인간의 노력이나 의지만으로 어려운 일들이 있다.

이것을 도와주는 방법은 자신의 환경을 바꾸어 놓는 것이다. 과소비로 인한 빚을 없애려면 소비를 어렵게 하면 된다. 가령 카드를 과감히 잘라 버리고 현금을 찾아서 쓰는 것이다.

이밖에도 돈 관리 시스템을 바꾸는 방법도 있다. 통장의 성벽을 재건하는 것이다.

돈으로 힘들어 하는 사람들 중에는 의외로 수입이 많은 사람들도 많다. 원래 수입이 적은 사람들은 열심히 해도 돈을 못 번다는 푸념을 하지만, 수입이 많은데 돈 걱정을 하는 사람들은 돈이 어디로 다 갔냐고 한탄을 한다. 저축을 하는데도 돈이 모이지 않고 돈을 모았는데도 어디론가 돈이 사라져 버린다. 그들은 스스로 자기가 낭비를 한다고 생각하지 않는다.

이들의 문제는 돈 관리 방식에 있다. 주의할 것은 통장의 목적을 명확히 해야 한다는 것이다. 앞 장에서 나는 올바른 저축을 위해 통장 쪼개기와 통장에 이름을 붙이는 방법을 이야기했다. 이것은 저축하는 목적을 기록하는 일로, 가정 경제를 세우는 데 가장 먼저 해야 하는 일이기도 하다.

자산 취득이나 노후 대비, 자녀 교육 자금, 부채 상환 자금 등의 통장을 만들고 자동이체를 시킨 다음 통장의 나머지 돈으로 소비를 하는 습관을 들여라. 이것은 생각만큼 힘든 일도, 피곤한 일도 아니며 엄청나게 신경을 써야 하는 일도 아니다. 소비가 줄어 행복지수가 낮아지는 일은 더더욱 아니다. 오히려 행복지수를 유지하면서 저축을 유지할 수 있다.

앞으로 내가 지출해야 할 모든 것을 나열해 보자. 자녀 교육 자금, 주택 자금, 노후 자금, 지금 사용하고 있는 자동차나 가구들의 재구입 비용, 기부금, 세금 등의 항목을 열거하고 어느 정도 돈이 들어갈지 예상해서 통장을 만들어 보라. 자영업자나 소득이 불규칙한 사람은 성수기와 비수기를 분석하여 성수기 때 비수기에 만기되는 예비비 통장을 만들어 보라. 돈 관리가 쉬워진다. 가정 경제도 통장 쪼개기와 이름을 붙이기로 세우면 재물의 복이 찾아올 것이다.

chapter 15

돈이 모이는 소비 습관

보이지 않는 것이 더 중요하다

예림이는 초등학교 때부터 큐브를 몇십 초 만에 맞추었다. 그런데 하루는 초등학교 1학년이던 채니가 언니를 따라 큐브를 맞추고 있었다. 큐브 돌리는 속도가 예림이 못지않게 빨랐다.

"채니야, 큐브 잘 맞추네."

내가 말하자 채니가 바로 대답했다.

"나, 섞고 있는데?"

나는 눈에 들어오는 대로 보고 있었고 내 눈은 너무나 쉽게 속고 있었다. 사실 우리는 보고 싶은 것만 보고, 보고 싶은 대로 보는 경우가 얼마나 많은가.

성도가 3만 명이 넘는 대형 교회 재정을 담당했던 집사님과 대화를 했다. 자신이 오랫동안 교회 예산을 보니 예산의 50퍼센트는 예배당 건축 빚 갚는 데 쓰고, 나머지 25퍼센트는 인건비로 쓰고, 20퍼센트 정도는 관리비로 쓴다고 했다. 겨우 5퍼센트 정도를 구제와 선교에 사용하는데 이것도 그냥 광고비 개념이라고 했다. 선교를 안 한다고 할 수는 없으니 표시만 내는 비용이라는 것이다. 그래서 그는 자신의 십일조 중 일부는 권사이신 장모님께 드리는데, 장모님이 과부나 소외된 사람들을 돕는 사역에 쓴다고 했다. 교회에 헌금하면 관리 비용으로 다 빠져 버리는데 최소한 장모님은 모든 돈을 구제에 사용한다는 믿음이 있기 때문이다. 돈이 구제와 선교에 사용되어야 하는데 교회 내에서 소모품처럼 사라져 버리는 것 같아서 안타깝다고 했다.

이것은 대형 교회뿐 아니라 중소형 교회도 마찬가지이다. 5백 명 출석하는 교회는 5천 명 출석하는 교회 따라가려고 빚을 내서 예배당을 짓는다. 모든 비용을 동결하고 대부분의 예산을 건축 비용으로 전용하며 여기에 엄청난 빚을 낸다. 미국의 대형 교회는 부동산 투자회사로 전락한 지 오래이다.

어떤 부목사님이 용기 있게 이렇게 이야기했다.

"목사는 양이 많아지면 무리를 분리해서 체계적으로 목양해야 하는데 지금 교회는 개를 데려와서 대신 양을 관리하게 한다."

문제는 개는 양을 관리하는 것이 아니라 주인의 눈치만 본다는 것이다. 목회자들이 혹시나, 목사란 양을 목양하는 사람이기보다는 직업으로 생각하고 사역을 하고 있지는 않은가? 보이지 않는 문제는 등한시하고 너무 보이는 것에만 신경을 쓰고 있지는 않은가?

하나님은 어디에나 계시다

사람들은 보이고, 만져지고, 느껴지는 것만 믿으려고 하는 속성이 있다. 반대로 보이지 않는 것은 잘 안 믿으려고 한다. 그러나 사실 보이는 것보다 보이지 않는 것에 더 소중한 것들이 많다. 공기가 얼마나 소중한가? 그러나 만져지거나 보이지 않는다. 소망이나 사랑, 천국 등은 눈에는 보이지 않지만 보이는 것보다 훨씬 더 소중하다. 눈에 보이지 않는 큰 은혜가 있는데, 사람들은 이 은혜가 보이지 않으니 모른다고 한다.

에스겔 1-32장까지 이야기에서 이스라엘 백성들도 그랬다. 당시 이스라엘 백성들은 포로생활 중이었다. 그런데 예루살렘에서 온 사람들의 이야기를 들어 보니 예루살렘 성이 함락되어 불타고, 성이 무너지고, 성전이 파괴되었다고 한다. 포로생활 하는 것도 힘든데 그들의 삶 그 자체인 예루살렘이 파괴되었다고 하니 얼마나 비통했겠는가? 물론 그 순간에도 '여호와 삼마'였지만, 그들은 그 사실을 믿지 못했다. 눈에 보이는 성전이 무너졌다고 눈에 보이지 않는 하나님을 부정했다.

나중에 에스겔은 새 성전에 대한 환상을 자세하게 기록한다. 이후에 에스겔은 '여호와 삼마', 즉 '여호와께서 여기 계시다'라고 말한다. 이것이 에스겔서의 핵심 주제다.

이처럼 성전이 무너졌다고 해서 여호와 삼마가 아닌 것이 아니다. 하나님은 그의 백성들이 있는 곳, 바로 그곳에 함께 계셔서 우리의 예배를 받으시고 우리를 만나 주신다. 그래서 여호와 삼마는 우리가 철저한 성소 중심, 하나님 중심으로 살아야 한다는 것을 뜻한다.

비용을 줄이고 자산에 투자하라

경영 현장에도 여호와 삼마다. 눈에 보이지 않는다고 없는 것이 아니다. 눈에 보이지 않는 것이 더 중요할 때가 있다.

경영자들을 만나다 보면 '사람이 중요하다'는 말을 많이 한다. 그런데 실제 경영 현장을 보면 사람이 중요한지 아닌지에 대해서 의문이 든다. 사람이 중요하다고 말하는 경영자들도 사람을 재산으로 생각하며 행동하는 경우는 드물다. 사람은 회사 전체의 소모품일 뿐 그 이상으로 인정하지 않으려 하는 경향이 많다. 그래서 모든 것을 시스템화하려고 하고 사람을 그 시스템 안에 넣어 언제든지 교체할 수 있는 존재로 만든다.

대체로 회계에서도 인건비는 비용으로 처리한다. 자산은 무엇이고 비용은 무엇인지 궁금할 것이다. 실제 자산과 비용은 종이 한 장 차이이다. 단순히 자산은 좋은 것이고 비용은 나쁜 것이 아니라, 자산은 앞으로 돈을 벌어다 주는 것을 말하고 비용은 앞으로 돈을 벌어다 주지 못하는 것을 말한다. 물론 비용도 돈을 벌기 위해 필수적으로 필요한 지출이지만 이미 과거에 돈을 벌어다 주고 수명이 다해 버려서 미래에 가치가 없다는 것이다. 일반적으로 인건비는 비용으로 처리를 한다. 왜일까?

회사에 처음 출근하면 출근하는 날 월급을 줄까? 아니다. 한 달 동안 일을 해야 월급이 나온다. 월급은 후불이다. 한 달 동안 고생했으니까 주는 것이지 앞으로 열심히 하라고 주는 것이 아니다. 즉 회사가 지급하는 월급은 과거에 대한 보상이지 미래에 돈을 벌어다 주는 지출은 아니기 때문에 자산이 아니라 비용으로 처리를 한다.

그래서 회사는 과거의 실적을 가지고 직원들의 급여를 정하려고 한다. 이미 급여를 책정하는 것부터 '사람은 비용이다'라는 식으로 접근하는 것이다. 보통 회사는 직원이 생각하는 급여와 회사가 생각하는 급여를 제시하여 절충안을 찾아 간다. 이때 직원은 미래의 자신의 능력을 판단하여 급여를 책정하고, 회사는 직원의 과거 실적을 기준으로 급여를 책정하려고 한다. 그러니 어떤 식으로 결론이 나든 연봉 협상을 할 때마다 갈등이 생기게 되는 것이다.

이 문제점을 해결하려고 우리 회사는 오래 전부터 방식을 바꾸었다. 우리 회사는 독특한 시스템이 있다. 직원이 자신이 급여를 결정한다는 것이다. 스스로 자신의 능력을 판단하는 것이 가장 정확하기 때문이다. 나는 그렇게 책정한 급여를 지금까지 깎아 본 적은 없고 오히려 올려 준 경우가 있다. 그 대신 회사는 직원들에게 연봉뿐 아니라 그에 상응하는 목표를 함께 제시하도록 한다. 회사는 직원 인건비의 세 배를 벌어야 적절한 성장을 하며 이익을 낼 수 있다. 3천만 원 버는 사람은 9천만 원을 벌어야 인건비로 1/3, 유지관리비로 1/3을 충당하고 나머지 1/3로 성장을 위해 재투자를 할 수 있다. 즉 인건비가 3천만 원인 사람은 9천만 원의 부가가치를 만들기 위한 목표를 세우는 것이다.

초점을 어디에 두는지에 따라 문제는 달라진다. '매출액의 1/3이 인건비'라는 것에 초점을 맞추면 인건비가 정확히 계산되었는가에 집중하게 된다. 반면 '인건비의 세 배를 벌어야 한다'는 것에 초점을 맞추면 어떻게 매출액을 늘릴 것인가에 집중하게 된다. 같은 내용 같지만 인건비를 자산으로 보느냐 비용으로 보느냐에 따라 전혀 다른 결과를 가져오는 것이다.

간단한 방법이지만, 이 방식을 하지 못하는 이유는 너무 높은 급여를 결정할까 하는 회사측의 우려 때문인데 생각만큼 걱정할 일이 아니다. 경험적으로 보면 직원들은 터무니 없는 급여를 제시하지 않는다. 회사가 직원의 급여를 깎으려고 하는 것은 아마 인건비가 비용이라고 생각하기 때문일 것이다. 그래서 인재경영을 외치면서도 인건비를 줄이거나 동결하려고 노력하는 회사가 많다.

나는 반대로 향후의 수익을 예상하여 인건비를 결정하였고, 직원들 스스로 자신의 몸값을 결정하게 했다. 그리고 회사에서는 그 몸값에 비추어 앞으로 어떤 성과를 낼 것인지에 대해서 의논하도록 제안했다.

능력이 있어서 높은 자리에 오르는 것이 아니라 자리가 사람을 만든다고 한다. 즉 사람은 자신의 위치에 맞게 행동을 한다는 뜻이다. 급여도 마찬가지다. 미래를 생각하면서 높은 가치를 창출하고자 한다면 그에 상응하는 몸값을 먼저 결정해 주는 것이다. 그렇다면 인건비는 비용이 아니라 자산 성격으로 이해할 수 있을 것이다. 돈을 쓸 때는 자산을 늘리고 비용을 줄이는 습관이 중요하다. 부자는 자산을 사고 가난한 자는 비용을 쓴다는 것을 명심해야 한다.

chapter 16

적게 벌어서 문제가 아니라

많이 써서 문제다

문제는 번 것보다 많이 써서 생긴다

내가 25년 전 세무공무원 생활을 처음 시작하고 나서 받은 초봉은 월 50만 원이었다. 총각에다가 기숙사 생활을 했기 때문 월급의 30만 원을 저축하고 20만 원으로 생활을 하면서 부모님 용돈까지 드렸다.

공무원 생활을 하면서 회계사 공부를 하고 있었는데 누군가가 회계사가 되면 5백만 원을 받는다고 말했다. 그 말을 듣고 나는 마음이 더욱 독해졌다. 반드시 회계사 시험에 합격하리라! 5백만 원을 받으면 20만 원을 쓰고 480만 원을 저축할 것이라고 계획까지 세웠다.

그 후 5년 뒤 회계사 시험에 합격하고 나는 연수원에 합격증을 받으러 갔다. 연수원이 문도 열기 전에 갔는데 10여 명의 사람들이 나보다 먼저 와 있었다. 그들은 회계사가 아니라 카드회사 직원들이었다. 그들은 나에게 그 당시 가장 좋은 카드였던 골드카드를 열 장 발급해 주었고, 나는 연수 기간에 카드를 이용해서 생활했다. 공부하는 동안 신세 진 사람들에게 밥과 술을 사 주면서, 그리고 나의 품위 유지를 위해서 카드를 썼다.

두 달 연수 후 회계법인에 입사하고 급여를 받았는데 카드 값이 급여보다 5백만 원이 더 나왔다. 나는 2년에 걸쳐서 이것을 갚아 나갔다. 지금도 빚을 갚고 있는 내 동기들이 있다. 일반 회사보다 급여가 높은 은행 직원들을 보면 40대에도 집이 없는 사람들이 많다. 그 이유를 들어 보면 회사에 입사하면서 은행에서 저리로 빌려주는 돈을 쓰는 법부터 배워서라고 한다.

부자들은 부자가 되는 지름길에 대해 단 한 가지를 말한다. "번 것보다 적게 써라." 사실 아무리 복잡한 재테크 비법도 이 원칙에서 벗어나지 못하며, 벗어나는 순간 모래성을 쌓는 것이나 마찬가지가 된다. 적게 번 것이 문제가 아니라 번 것보다 많이 써서 문제가 생긴 것이다.

장사를 할 때도 비슷하다. 언젠가 우리 회사와 동종 업계에 있는 회계사와 이야기할 기회가 있었다. 그 회계사무소는 매출 기준으로 따지면 우리 회사보다 훨씬 컸지만 이익 기준으로 보면 우리 회사의 절반도 안 되었다. 그 회계사무소는 목표를 매출에 두고 있었다. 매출이 적을 때는 이익이 나지 않아서 매출을 늘리기 위해 영업에 집중했는데, 매출이 늘어도 이익은 나지 않았다. 인건비 등 비용 증가가 매출보다 더 컸기 때문이다.

우리는 매출 자체가 아니라 이익을 내는 것을 목표로 한다. 회계컨설팅 회사는 직원 한 명이 할 수 있는 일이 어느 정도인지에 따라 생산성이 달라진다. 그래서 우리는 매년 인건비 대비 매출액 비율을 정리해서 직원들에게 책임감을 불어넣어 준다.

매출이 많다고 이익이 나는 것이 아니다. 작은 단계에서 이익이 나지 않으면 매출이 늘었을 때도 이익이 나지 않는다. 가게가 커진다고 해서 무조건 이익이 나는 것은 아니다. 하루에 손님을 다섯 팀만 받아도 이익이 나는 가게도 있고, 사장 혼자 일해 매년 수억 원씩 버는 가게도 있다. 반면 매출액이 수십억 원에 달하는데 망하는 가게도 있다. 가게를 할 때는 큰 가게든 작은 가게든 무조건 이익을 남겨야 한다. 그래야 그 가게에 미래가 있다.

예언은 하나님의 영역, 소비는 나의 영역이다

스가랴서는 '구약의 묵시록'이라고 불린다 환상과 상징에 대한 예언이 풍부하기 때문이다. 선지자 스가랴는 주전 학개와 말라기와 함께 '포로 후 선지자' 군에 들어간다. 스가랴는 하나님의 나라, 즉 교회의 영광스러움을 보여 주며 그 구속의 완성을 이루시기 위하여 예수님이 임재하시고 세우셔서 완성하실 종말을 그려 주는 계시적 사역을 감당했다.

스가랴서는 14장의 비록 짧은 예언이지만 구약의 모든 선지자들이 예언한 구원의 진리가 거의 모두 망라된 예언을 담고 있다. 그래서 신약에서 스가랴서는 70회 이상 인용되고 있고, 특히 요한계시록에서는 무려 30회 이상이 스가랴 선지자의 예언을 인용하고 있는 것으로 나타나고 있다. 기원전 520년 전에 스가랴 선지자는 예수님의 예루살렘 입성에 대하여 예언했다.

> 시온의 딸아 크게 기뻐할지어다 예루살렘의 딸아 즐거이 부를지어다 보라 네 왕이 네게 임하시나니 그는 공의로우시며 구원을 베푸시며 겸손하여서 나귀를 타시나니 나귀의 작은 것 곧 나귀 새끼니라
>
> **슥 9:9**

여기에는 예수님이 예루살렘에 입성하시는 이유와 목적을 분명하게 말하고 있다. 예수님은 왕으로 우리 가운데 오시는데 공의로우시고, 구원을 베푸시고, 겸손하시고, 나귀 새끼를 타고 오시며, 평화를 선포하시고, 온 세상을 통치하시는 분이라는 것이다.

예언은 경제에서도 아주 많은 사람들이 시도하고 노력하는 부분이다. 나는 투자 초창기에 주가와 경제 뉴스를 스크랩하며 주

가에 영향을 미치는 요소들을 분석하고 오랫동안 주가에 가장 영향을 주는 지표에 천착해 왔다. 그러나 이런 연구는 실패로 끝났다. 연구에 너무 많은 시간이 들어가기도 했고 무엇보다 매번 주가에 영향을 미치는 지표들이 달라지기 때문에 예측과 다르게 주가가 움직여 버렸다. 이런 주가 예측을 도표로 그려 투자하는 방식 중 하나가 차트 분석이다. 컴퓨터상의 봉이나 차트 분석은 가격을 중심으로 만든 것으로 주가 예측이 빗나가면 손해를 볼 수밖에 없다.

세상 어느 누구도 주가를 예측할 수 없으며 인간이 할 수 없는 일을 자꾸 하려고 하면 꼭 응당한 대가를 받는 것이 자연의 섭리이다. 나는 이런 현실적인 한계를 인정하고 미래를 예측하는 것을 포기했다.

투자를 잘해서 돈을 벌거나 사업으로 큰 부자가 되는 것은 다른 사람과 경쟁을 해야 하는 어려운 분야이고, 특정한 사람들에게 하나님이 허락하신 신의 영역일 수도 있다. 그러나 소비를 줄이는 소비의 원리는 철저하게 자신과 관련된 것이므로 더 쉽고 빠르다.

돈 쓸 시간을 없애라

제주도의 제주은행 본점에는 세 개의 상권이 있다. 은행 북쪽에는 명품 패션 거리, 남쪽에는 동문시장, 동쪽에는 의사와 약사들이 많이 있다. 이 세 부류의 사람 중에 누가 가장 돈이 많은지 제주은행 VIP센터 직원에게 물어본 적이 있었다. 그런데 이 직원의 대답은 예상 밖이었다.

"시장 상인들이 가장 돈이 많아요."

"왜 그렇죠?"

나의 질문에 은행 직원도 대답을 선뜻하지 못했다.

"글쎄요."

나는 궁금한 것은 못 참는 성격이라 고객 정보를 분석해 보았다. 고객들의 재무 자료를 내가 다 가지고 있으니까 어렵지 않게 답이 나왔다. 일반적으로 의사들이 시장 상인들보다 돈을 많이 버는 것은 사실이다. 그런데 의사들은 품위 유지비로 많은 돈이 나가고 있었다. 넓은 아파트, 명품 의류, 고급 차, 자녀들의 교육비로 많은 돈을 지불하고 있었기 때문에 저축하는 돈은 한 달에 50만 원도 안 되었다. 그러나 시장 상인들은 가게에 쪽방을 만들어 놓고 수십 년 간을 장사해 왔다. 좋은 옷은 일하는 데 방해만 될 뿐이고 고급 차는 세워 둘 주차 공간도 없으므로 오토바이 한 대면 충분했다. 돈을 쓰지 않으므로 돈이 모였고 이것을 예금통장에 꼬박꼬박 넣은 것이다.

이들은 주식이나 펀드를 몰랐다. 오로지 은행만 믿고 수십 년 된 통장을 몇 개씩 갖고 있었다. 그리고 시간이 흘러 시장 상인들은 부자가 되어 있었다. 나는 단순한 진리를 깨달았다. 부자가 되려면 매출이나 수입을 올리려고 위험을 감수하는 것보다 수입보다 적게 쓰고 나머지는 시간과의 싸움을 하는 것이 낫다. 그래서 부자들은 절약이 가장 중요하다고 한다.

보통 회계사들은 한 회계연도를 결산하는 시즌이 제일 바쁘다. 주말도 없이 계속 일만 하다 보니 돈 쓰러 갈 시간이 없다. 그래서 바쁜 시즌을 보내면 돈이 쌓인다. 더 벌어서가 아니다. 돈을 쓰지 않아서다.

소비를 줄여야 한다고 생각하는 사람은 소비를 줄이는 데 신경을 쓰기보다 다른 가치 있는 일에 신경을 돌려 소비하는 시간을 줄이는 것이 낫다. 죄를 짓지 않기 위해서 노력해도 죄에서 벗어나기는 힘들다. 하지만 성령 충만한 삶을 살다 보면 자연스레 죄를 짓지 않게 되는 것과 같다.

돈 쓰는 것을 불편하게 하라

소비를 줄이기 위해서는 돈 쓰는 것을 약간 불편하게 해야 한다. 카드는 돈을 쓰기 아주 쉽게 해놓은 것이라서 소비가 늘어나는 주요 원인이다.

프랑스에서 살다가 우리나라에 온 사람에게 우리나라와 프랑스를 비교했을 때 가장 차이가 나는 게 무엇인지 물었다. 그는 우리나라가 살기는 참 편하지만 그래서인지 돈이 많이 들어간다고 했다. 프랑스는 할부라는 개념이 없고 신용카드도 사용하면 그 즉시 통장에서 돈이 나간단다. 우리나라처럼 한 달 후에 돈이 나가게 하려면 별도로 신청을 해야 한다. 우리나라의 체크카드 개념과 같았다. 또 프랑스는 은행에서 돈을 찾는 것도 불편하다고 했다. 내 돈인데도 일주일에 현금으로 인출할 수 있는 돈이 우리나라 돈으로 70만 원 정도밖에 안 된다는 것이다. '강남 스타일'도 좋지만 신용카드만큼은 '프랑스 스타일'이 합리적으로 보였다.

요즘은 못 먹어서 아픈 것이 아니라 너무 많이 먹어서 병이 생긴다. 앞서 보았듯이 돈을 많이 쓰게 만드는 요인들 중 주동자는 신용카드이다. 맥도날드에서 조사를 해보니 현금을 쓸 때보다 신용카드로 지불할 때 47퍼센트나 더 많은 금액을 사용한다고 한다. 신용카드가 없으면 특히 비용을 많이 지불하기가 힘들다. 몇십만 원씩 가지고 다니는 것도 쉽지 않고 분실이나 도난 때문에 불안감도 크기 때문이다.

그래서 나는 소비와 투자로 나누어서 투자에 대해서는 신용카드를 사용하고 소비에 대해서는 현금을 사용한다. 가령 책을 구입하거나 교육과 관련된 곳에는 한도를 두지 않고 신용카드를 사용하여 지출하고, 소비성 지출은 철저하게 1주일 단위로 용돈을 찾아 사용한다. 한편 소비성 지출이라도 신용카드를 사용하면 할인 혜택 등을 받아 유리한 경우도 있는데, 이 경우에는 현금을 모아 미리 카드 값 상환할 준비를 하고 결제를 한다. 그러면 카드 빚 때문에 곤란해지는 상황을 방지할 수 있다. 신용카드를 없애면 가장 좋지만 카드를 꼭 써야 하는 사람이 있을 수도 있다. 아무리 줄여도 신용카드를 조금씩은 써야 한다면 현금처럼 쓰는 방법을 권한다.

나도 신용카드를 한꺼번에 자르지 못해서 중간 단계로 카드 통장을 만들었다. 즉 신용카드를 사용하면 사용액 만큼 카드통장에 적립하는 것이다. 내 소비통장에서 돈이 나가는 과정이므로 현금을 쓰는 것보다는 현실감이 떨어져도 어느 정도는 지출을 몸소 체험하게 해준다. 신용카드를 결제하는 데 아무런 부담이 없는 사람은 상관 없겠지만, 카드 값 결제에 부담을 느끼는 사람이라면 신용카드를 없애거나 사용 한도를 낮춰서 그 안에서만 사용하면 소비를 줄여 갈 수 있다.

30대를 위한 경제학_
맞벌이 부부 지출 줄이고 수입 늘리기

1. 결혼 비용이 너무 많이 드는데요?

30대는 돈을 모으기 위한 가장 중요한 시기라서 지출을 줄이면서 동시에 수입을 늘려야 합니다. 지출을 줄이려면 먼저 지출이 많은 곳을 아는 것이 중요합니다. 20대에서 30대로 넘어오면 갑자기 돈이 많이 들어가는 상황이 발생합니다. 우선 결혼을 하게 되니까 가족이 배로 늘어나게 되고, 집을 마련해야 하고, 아이가 생기게 되면 자동차를 구입하죠.

30대 때는 돈을 많이 모은다는 것보다는 나가는 돈을 줄이는 방법이 먼저라고 생각합니다. 그중에서도 가장 큰 비용이 결혼 비용이 아닌가 싶어요. 우리나라 사람들은 과시하고자 하는 욕구가 있어서 결혼식장에 사람들이 많이 와야 사회적으로 성공했다는 인상을 받으니까 결혼식을 좀 거창하게 하려고 하는 것 같습니다. 그런데 하객 입장에서 생각해 보면 사람들 많이 오고 비싼 호텔에서 결혼하는 것 보면 존경스럽나요? 오히려 저는 쓸데없이 비싼 데서 하는 것이 보기 좋지는 않습니다. 그런데 혼주는 그것을 자랑스럽게 생각하는 것이 아이러니입니다.

2. 그래도 결혼은 평생에 한 번인데 써야 하지 않을까요?

평생에 한 번 하는 것이 결혼뿐입니까? 평생 한 번 하는 것이라고 돈을 써야 한다면 모든 것이 과소비 대상이 됩니다. 빚을 내서라도 웨딩마치는 거창하게 해야 한다는 사회적 풍조를 바꿔야 합니다.

결혼 비용에서 거품을 뺄 필요가 있습니다. 보통 신혼 때는 사랑하는 사람만 있으면 행복합니다. 그러나 1년이 지나면 배우자만으로 행복하기 힘들어져요. 이때부터는 깨가 쏟아질 일을 만들어야 합니다.

먼저 혼수는 가볍게 합니다. 처음부터 거창하게 할 생각을 버리고 살면서 채울 생각을 해야 합니다. 결혼하고 나서 1년쯤 지난 후에 살림살이를 장만해 가면 또 재미가 생깁니다. 신혼 때 가구를 마련하더라도 어차피 5년 내에는 다시 장만해야 합니다. 신혼집에 맞춰 사 놓은 가구는 평생 살 집으로 이사하는 시점이 되면 모두 다시 사야 하기 때문입니다.

3. 돈을 모아서 결혼을 하려고 하는데요?

보통 사람들은 돈이 없어서 결혼은 못 한다고 하지만, 돈을 모으기 위해서는 되도록 빨리 결혼을 하라고 권합니다. 돈이 없어서 결혼을 못 한다는 것은 출발을 그래도 그럴듯하게 하고 싶어서 그런 거겠지요. 모든 것이 갖춰지길 기다릴수록 결혼이 늦어지고 돈도 안 모입니다. 가장 큰 비용인 주거비만 하더라도 결혼하면 절반으로 줄어들잖아요. 결혼하면 아무래도 외식비나 데이트 비용이 적게 들어가니까 지출도 적어질 것입니다.

4. 결혼 후 돈 관리의 출발은 무엇인가요?

결혼하면 모든 것이 하나로 합쳐지는데요, 반드시 합칠 필요가 있는 것이 통장입니다. 결혼과 동시에 통장도 결혼을 시켜야 하는 것이지요. 부부간에 돈을 공유해야 한다는 말입니다. 그럴 이유가 꼭 있냐고 묻는 사람이 있습니다. 그러면 나도 묻습니다. 그럼 꼭 그렇게 안할 이유는 있나요? 아무리 결혼을 해도 개인적으로 들어갈 돈들이 있을 텐데 통장을 결혼시키면 배우자의 눈치를 봐야 하는 불편한 상황이 생길 것 같다는 이유도 있겠지요.

맞벌이 부부든 외벌이 부부든 서로간에 돈 관리가 투명하지 않으면 정확히 얼마가 들어오고 나가는지 파악이 안 됩니다. 가계에서 돈의 흐름을 모르고 재테크를 한다는 것 자체가 불가능한 일입니다. 결국 통장 결혼이라는 것은 부부간에 돈 관리를 투명하게 하라는 말입니다.

5. 30대에 즐겨야 하지 않나요?

30대는 가장 저축을 많이 할 수 있는 시기이기도 합니다. 왜냐하면 우리나라는 대부분 결혼 비용을 부모님이 부담하고, 실제 가족이 늘더라도 부양할 가족이 별로 없는 시기이거든요.

40대가 넘어가면 자녀 교육비와 맞물려서 은퇴하신 부모님까지 부양해야 하니 돈이 더 들어가게 됩니다. 결혼을 하면서 두 명의 수입이 합쳐지니까 즐기는 경우가 많은데, 대부분 여자들의 경우 출산을 하면서 수입이 줄어드는 경우가 생깁니다.

수입은 줄더라도 한번 늘어난 지출은 잘 줄어들지 않기 때문에 여기에서 돈 관리를 못하면 빚더미 인생으로 바뀌게 되는 것입니다.

6. 맞벌이를 하면 돈을 많이 모을까요?

출산을 하더라도 요즘은 여성들이 직장을 다시 다니는 경우가 많습니다. 그래도 어린 아이를 누군가에게 맡기려면 보육비용이 들어가니까 맞벌이가 외벌이에 비해 가처분 소득이 많은 것은 아닙니다.

결혼 초기에는 배우자와 자녀들에게 돈보다 시간을 투자하면 돈도 모이고 행복도 얻을 수 있다는 것을 명심했으면 합니다.

7. 수입을 늘리기 위해 재테크가 중요한가요?

사람들은 보통 수입의 종류가 한 가지인데, 워런 버핏은 한 가지 수입만 있는 사람들이 제일 불쌍하다고 했습니다. 수입을 늘리기 가장 좋은 방법은 자신의 본업을 잘하는 것이지만 실제 사람들이 본업만 가지고 수입을 늘리기란 쉽지 않습니다. 그래서 재테크라는 것을 해서 돈을 조금이라도 벌려고 하는 것 같습니다.

우리가 말하는 재테크는 어떻게 보면 부업인데요, 본업으로 돈을 못 벌면서 부업으로 돈을 번다는 자체가 넌센스입니다. 경제 공부 좀 하고 아침마다 경제 뉴스 좀 먹었다고 바로 경제 근육이 생기는 것은 아니거든요. 이 정도 해도 하루 종일 하는 본업에 비하면 시간 투자가 훨씬 적은 것이죠.

8. 그래도 좀 더 쉽게 재테크를 하려면 어떻게 해야 하나요?

쉽게 재테크를 하고 싶은 사람은 조금 투자하고 많은 수익을 기대하는 것인데요, 이런 욕심을 버리는 것이 재테크의 기본입니다. 사실 이것은 거의 불가능한 일입니다. 그래도 본업 외에 재테크 수입을 원한다면 방법은 부업에도 시간을 많이 투자하는 수밖에 없습니다. 우선 재테크에서 벌어들이는 수입을 보면 '이배부'가 있습니다.

이자소득, 배당소득, 부동산 임대 소득의 앞 글자를 따서 '이배부'라고 합니다. 이런 소득들은 모두 돈이 돈을 버는 소득들입니다. 즉 내가 직접 일하지 않아도(불로소득이라는 것은 아닙니다) 돈이 알아서 돈을 벌어다 주는 소득입니다. 저를 포함해서 많은 사람들이 갖고 싶어 하는 소득이지만 많은 사람들이 갖고 있지 않은 소득들이죠.

이런 소득을 얻으려면 소득이 어디에서 나오는지 알아야 합니다.

이자는 금융 상품(예금, 적금)에서 나오고, 배당소득은 주식에서 나오죠. 부동산 임대소득은 부동산에서 나옵니다. 결국 이배부를 얻으려면 은행, 증권회사, 부동산을 발로 밟고 다녀야 하는 것입니다. 내가 직접 일하지 않아도 되는 소득이라는 것이지 공짜로 벌리는 소득이라는 말은 아닙니다.

9. 재테크를 하고 싶은데
주식 투자나 부동산은 왠지 무서워요.

사자를 잡으려면 사자굴에 들어가야 하는데 사자굴이 좀 무섭습니다. 은행은 덜 무섭지만 너무 금리가 낮고, 증권회사나 부동산 시장은 돈이 있을 것은 같은데 무섭기부터 하잖아요.

이럴 때는 은행을 이용하세요. 은행은 저금리라서 사람들이 신경을 별로 안 쓰는 것 같지만, 사실 은행은 저축 목적 외에 돈의 흐름을 파악하기 위해서라도 떠나서는 안 되는 곳입니다.

금리가 얼마이고 예금에서 돈이 어디로 흘러가는지 잘 보고 있어야 주식이든 부동산이든 투자가 가능하거든요. 특히 서민들이 많이 오고 가는 곳이 은행이므로 돈에 대한 정보가 가장 확실하죠.

10. 미혼 여성은 자기 수입의 몇 퍼센트를 저축해야 하나요?

전문가마다 조금 다르겠지만 저는 결혼 여부에 관계 없이 수입의 50퍼센트를 저축해야 한다고 봅니다. 30퍼센트나 70퍼센트는 계산이 힘들지만 50퍼센트는 계산기 없이도 충분히 계산할 수 있는 수치니까요.

은행에서 또 하나 배울 것은 예금 관리 방법입니다. 주식 시장이든 부동산 시장이든 가장 기본이 돈 관리인데요, 사람들은 수중에 돈이 있으면 심리적으로 투자를 하는 경우가 있습니다. 수중에 있는 돈을 보더니 다음 날 땅 보러 나갑니다. 돈은 만기를 분산시켜서 돈이 정기적으로 들어오도록 해야 합니다. 그래야 심리적으로 충동투자 하는 것을 막을 수 있어요.

11. 투자는 심리라는 말이 무슨 말인가요?

주식이나 부동산 하면 지식이 중요하다고 생각하는데, 정보나 지식이 2할이고 심리가 거의 8할입니다. 돈이 있으면 사람은 막 쓰려고 하는데 투자도 그래요. 돈이 있으면 모든 정보가 좋아 보이거든요. 그래서 어디에 얼마를 투자할 것인지 투자 계획을 세우고 공부하는 기간을 가져야 합니다. 돈을 주고 꼭 무엇을 사야만 투자가 아니고 돈이 있어도 참고 기다릴 수 있어야 심리 게임에서 이기거든요.

사람들은 펀드에 들 때 별로 공부하지 않고 은행이나 증권회사 직원들이 추천하는 것을 그냥 가입해 버려요. 자신보다 전문가이니까 믿는 것입니다. 그런데 마트에 가서 고기를 사는데 판매 사원이 맛있다고 하면 믿고 사나요? 우리보다 전문가라고 생각하고요? 절대 아닙니다. 색깔도 보고 시식코너에 가서 맛도 보고 그래야겠죠. 그런데 이상하게도 재테크에 관해서는 판매 사원의 말을 정말 잘 믿어요. 우리는 그 펀드의 맛도 보고 색깔도 봐야 합니다. 원산지도 봐야 하고요.

12. 빨리 돈을 벌고 싶을 때는 어떻게 하지요?

투자는 인내심이 필요합니다. 최소 1년 이상 투자 대상을 보면서 공부하는 시간이 필요해요. 그런데 공부만 하면 냄새만 맡는 것과 같아요. 시식을 해봐야 합니다. 그래서 내 투자금의 10퍼센트씩 매월 투자를 해가는 것입니다. 맛을 보는 것이죠. 그러면 훨씬 더 잘 투자할 수 있어요.

매월 꾸준히 공부하면서 조금씩 투자해야 합니다. 펀드로 말하면 적립식 펀드인데요, 매월 적금을 들듯이 투자하는 것이 리스크를 줄이면서 수익을 높이는 방법입니다. 주식도 마찬가지입니다.

13. 적은 돈으로 부동산 투자도 할 수 있나요?

부동산 펀드에 가입하면 적립식 투자가 가능합니다. 직접 부동산을 투자하면서 적립식으로 하려면 약간 목돈이 필요합니다. 가령 1억원이 있다면 1억 원짜리를 투자하는 것보다 3천만 원 씩 나눠서 3년에 걸쳐 투자하는 방법입니다. 물론 대출을 좀 받아야할 수도 있습니다. 그래야 1년 동안 공부해서 그 내년에 투자할 때 잘할 수 있는 것이죠.

수입을 늘리기 위해서는 결국 은행에 자주 들락거리고, 공부를 꾸준히 하고, 시간을 분산해서 투자를 하는 것이 안전하게 수익을 얻는 방법입니다.

제4부

부채의 원리

빛
어떻게
관리할 것인가?

> 피차 사랑의 빚 외에는 아무에게든지 아무 빚도 지지 말라 남을 사랑하는 자는 율법을 다 이루었느니라 / **롬13:8**

chapter 17

부자들의 가계부는

무엇이 다른가?

땅에 쌓지 말고 하늘에 쌓으라

설교에서 피했으면 하는 주제 중에 1위가 돈(현금) 이야기이고, 2위가 정치 이야기라고 한다. 그런데 예수님은 돈에 대해 어떻게 말씀하셨을까?

복음서에 나온 서른여덟 개의 예수님 비유 중 열여섯 개가 재물에 대한 비유이다. 달란트 이야기, 데나리온 이야기, 청지기, 과수원지기 이야기, 품꾼 이야기, 부자 이야기 등은 다 물질과 관련되어 있다. 신약성경에 평균 열 구절에 한 번씩 물질에 관한 이야기가 나오고, 복음서에만 288구절이 물질에 관한 이야기이다. 성경 전체에는 무려 2천3백 구절 이상이 돈과 재정에 관한 구절이다. 성경은 돈에 대한 관심을 피해 가지 않는다.

오직 너희를 위하여 보물을 하늘에 쌓아 두라 **마 6:20**

예수님은 우리가 열심히 일해서 돈을 버는 것에 대해 반대하지 않으신다. 또한 돈을 모으는 것에 대해서도 반대하지 않으신다. 그러나 여기에 우리 인생의 목표가 있다면, 나의 일상생활에서 돈을 버는 것에 마음이 온통 쏠려 있다면 이것이 문제이다.

칼빈은 이런 문제에 대하여 "오늘날 교회의 문제는 돈에 대하여 많은 이야기를 하는 것이 아니라, 바르게 말하지 않는 것이다"라고 말했다.

지인이 밍크코트를 사러 아울렛에 갔는데 너무 마음에 드는 물건을 보았다고 한다. 그렇게 예쁜 옷은 처음 본 데다 자신한테 너무 딱 어울렸지만, 가격이 250만 원 정도였다. 그래도 너무 마음에 들어서 남편에게 입은 모습을 봐 달라고 했더니 남편이 너무 비싸다며 눈길도 주지 않았다. 그녀는 자신이 모아 놓은 돈으로 사려고 했던 것인데 남편의 반응이 좋지 않자 기분이 상해서 옷도 사지 않고 매장을 나왔다.

남편한테 너무 서운했지만 하나님께 기도했다. 그런데 하나님은 250만 원이면 베트남 빈민들에게 집 한 채를 지어 줄 수 있다는 마음을 주셨다. 그녀는 저녁에 남편에게 250만 원을 절약하게

chapter 17_부자들의 가계부는 무엇이 다른가?

해주어서 고맙다고 했다.

네 보물 있는 그 곳에는 네 마음도 있느니라 **마 6:21**

부자들은 기본적으로 돈을 모으면서 즐거움을 얻는다. 가난한 사람들은 돈 쓰는 즐거움을 더 중요하게 생각한다. 돈을 아낀다고 해서 인생이 재미없거나 행복을 포기하게 되는 것은 아니다. 돈 모으는 재미는 돈 쓰는 재미보다 훨씬 오래간다.

인류 역사상 가장 고상한 교훈의 하나로 알려진 산상수훈에서도 예수님은 돈 이야기를 하셨다. 산상수훈의 교훈을 한 마디로 요약하면 '땅에 보물을 쌓아 두지 말고 하늘에 보물을 쌓아 두라'는 말이다(마 6:19-20). 하늘나라에의 투자야 말로 영원한 투자라는 것이다. 그러므로 그리스도인은, 하나님을 모르는 사람들보다 훨씬 더 열심히 일해야 한다. 그리고 그렇게 얻은 재물을 가장 가치 있는 일, 즉 전도와 선교 사업을 위하여 사용해야 한다.

예수님은 결산하러 다시 오신다

마태복음은 하나님의 아들이신 예수님이 이스라엘의 왕으로 오셔서 인류를 구원하신다는 것을 나타내는 복음서이다. 즉 마태복음은 예수님이 이스라엘이 기다리던 메시아시며 약속하신 왕이라는 사실을 증명한다. 예수님은 재림에 대해 여러 차례 언급하셨는데 신약에만 318번 기록되었다.

그리스도인에게 재림 신앙은 아주 중요하다. 예수님의 공생애는 고난과 십자가 고통이었지만 다시 오실 때는 만왕의 왕, 만주의 주로 구름 타고 오신다. 그래서 사람들은 재림의 시기에 대해 궁금해 한다. 그러나 성경에는 주님의 재림이 언제인지를 분명히 말하고 있지 않은데, 그 이유는 재림의 시기보다 중요한 것은 재림을 맞이하는 우리의 자세이기 때문이다.

오랜 후에 그 종들의 주인이 돌아와 그들과 결산할새 **마 25:19**

예수님은 재림하셔서 결산하신다. 내가 하나님을 믿게 된 결정적인 구절이 바로 이 부분이다. 결산은 회계사인 내 직업이기도 하지만 내 신앙이기도 하다.

내가 2012년에 처음 교회에 갔을 때 전부터 잘 알던 교수님을 만났다. 교수님이 없었다면 나는 그냥 형식적으로 교회에 방문만 하고 왔을 것이다. 그런데 아는 분이 계셨기 때문에 그냥 올 수 없었고, 복음을 전하려는 교수님은 나를 내버려 두지 않으셨다.

교수님은 50년 가까이 신앙생활을 하면서 신학대학에도 다닐 정도로 성경에 통달하신 분이었다. 교수님이 초신자였다면 아마 성경에 대한 이야기는 나누지 못했을 것이다. 교수님이 식사를 하자고 해서 점심을 먹었다. 나는 그날 교회에서 식사를 준다는 사실을 처음 알았다.

한 시간 정도 우리는 더 이야기하게 되었는데, 교회 사람들이 인사하는 것을 보고 교수님이 교회의 장로님 이라는 것을 알았다. 교수님은 식사를 하면서 성경 속에 회계라는 단어가 나온다는 이야기를 하셨다.

나는 책을 좋아했지만 세계 최고의 책이라고 하는 성경은 읽을 생각을 하지 않고 있었다. 성경에는 하나님 믿으라는 말밖에 없을 것이라는 편견이 있었고, 그래서 교회 다니는 사람이나 읽는 책이라고 생각하고 있었다.

그런데 교수님은 성경에 회계와 관련된 내용이 나온다고 하셨다. 교수님은 마태복음 25장 달란트 비유를 말씀하시면서 '결산'이라는 단어가 영어 성경에서는 'account'라고 이야기해 주었다. 교수님은 오랫동안 외국에서 생활을 해왔기 때문에 영어 성경도 많이 보았고 또 경영학과 교수님이셨기 때문에 이런 사실을 알고 계셨던 것이다. 그 말을 들은 나의 충격은 너무 컸다. 성경에 회계가 나올 줄은 전혀 몰랐기 때문이다.

'결산'(account)이란 단어 하나로 나는 그날 밤을 새워 가며 성경을 읽었다. 성경에 무슨 내용이 담겨 있을지 궁금해서 견딜 수가 없었다. 우선 내 직업과 관련되어 있는 것이 어떤 구절이 있는지 알기 위해서 회계, 재물, 돈 등의 단어로 된 구절부터 찾아서 읽었다. 고시 공부하듯이 하루 열 시간 이상씩 성경을 읽었다. 세상 책이라면 30분 만에 한 권을 읽지만 익숙하지 않은 성경은 한 달이 걸려서 1독을 했다. 교회 출석한지 한 달 만에 성경을 1독하고 그때부터 매월 1독 이상을 하면서 성경은 내 삶의 지침이 되었다. 성경은 교회 다니는 사람만 읽는 책이라고 했던 내 눈의 비늘이 벗겨지기 시작한 것이다.

성경은 하나님이 살아계시는 가장 확실한 증거였다. 눈에 보이지 않는 것은 믿지 않던 나에게 가장 확실한 증거가 나타났으므로 하나님을 믿지 않을 수 없었다.

결산하는 습관을 들이다

나는 기도에 시간을 많이 투자하는 편이다. 아침, 점심, 저녁으로 기도하는데, 매번 다른 형식으로 한다. 아침엔 말씀을 붙들고 기도를 하고, 점심엔 찬양을 하며 찬양기도를 한다. 저녁에는 아침에 받은 말씀을 하루종일 묵상하며 영성 일기를 쓴 내용을 바탕으로 묵상기도를 한다. 기도에서 내가 가장 중요하게 생각하는 것은 기록하는 것이다. 기도 노트는 말씀기도를 하는 데 도움이 되고 영성 일기는 묵상기도를 하는 데 도움이 된다.

기록은 돈의 원리에서도 그대로 적용된다. 회계법인에 처음 들어갔을 때 가장 힘들었던 일중 하나가 시계부(회계법인에서는 '타

임레포트'라고 한다)를 쓰는 일이었다. 출근하면서 퇴근할 때까지 매 30분 단위로 무슨 일을 했는지 기록해서 제출해야 했다. 그러나 지금은 누가 시키지 않아도 꼭 시계부를 작성한다. 시계부를 쓰지 않으면 내가 시간을 어떻게 쓰는지 절대 알 수 없기 때문이다. 시간을 관리하는 데 시계부를 작성하지 않고 관리한다는 것은 절대 있을 수 없는 일이다.

돈 관리를 하면서는 가계부를 작성하기 시작했다. 부자들을 많이 봐왔는데 그들은 하나같이 가계부를 작성하고 있다. 자신의 돈이 얼마나 들어오고 나가는지를 기록하지 않고 부자가 된 사람은 한 명도 보지 못했다. 경영을 하면서 회계 자료를 작성하지 않는다면 어떻게 되겠는가? 아마 상상조차도 힘들 것이다. 그런데 개인의 돈 관리를 하면서 가계부를 쓰지 않는다면 어떻게 되겠는가? 아마 대부분 쓰지 않고 있기 때문에 당연하다고 생각할 것이지만, 그렇게 생각한다면 당신은 부자가 아닐 것이다.

내가 아는 부자들은 대부분 가계부를 쓰고 있었다. 그러면서 부에 대한 확고한 목표와 철학이 있었다. 내가 생각해볼 때 가계부를 잘 쓰지 않거나 쓰기 힘든 이유는 가계부를 잘못 쓰고 있기 때문이다. 즉 너무 복잡하고 재미없는 가계부를 쓰기 때문이다. 보통 수입과 지출을 기록하는 가계부를 쓰는데(손익계산서라고 함) 이런 가계부는 항목이 많아서 쓰는 데 시간이 많이 걸리고, 쓰고 나서도 한 달의 수입과 지출만 알 수 있을 뿐 더 중요한, 나의 재산 내역에 대해서는 알기 힘들다. 내가 얼마나 재산을 모았는지에 대한 정보를 주지 못하기 때문에 돈 모으는 재미를 느끼기 힘든 것이다.

가계부는 철저하게 재무상태표 형태로 써야 한다. 재무상태표 가계부는 자산, 부채, 자본(=자산-부채)의 형태로 쓰는 방식이다. 자산은 금융자산(예금, 적금, 주식, 채권 등)과 부동산(집, 땅, 상가)으로 구분하여 총 합계액을 기록하고 부채는 금융기관 부채(담보대출, 신용대출)와 기타 부채(카드 미결제금액)를 합산하면 된다.

요즘은 대부분 주거래은행에서 금융거래를 하므로 금융기관에서 자산과 부채의 합계를 곧바로 조회할 수 있다. 은행에서 아무 것도 없다고 말할 지도 모른다. 재산이 없으니 일단 쓰는 것이 간편할 것이다. 자본은 자산에서 부채를 차감하면 되고 자본이 늘어난다는 것은 수익이 지출보다 많았다는 것이다.

이런 가계부 작성 방법은 한 달에 한 두 번만 작성하면 되기 때문에 간단하면서도 돈에 대한 마인드를 쉽게 바꿀 수 있어서 좋다. 최소 10년과 1년의 자본 목표를 세우고 가계부를 쓰면서 자본이 늘어나는 것의 재미를 느낀다면 부자가 되는 것은 시간문제라고 생각한다.

이것은 하나님의 결산 방식이기도 하다. 하나님도 결산하실 때 수입 지출이 아니라 얼마나 모았는지를 가지고 결산을 하시므로 재무상태표를 중요하게 생각하시는 것이다. 가계부를 그렇게 쓴다고 다 부자가 되는 것은 아니지만 부자가 된 사람치고 가계부를 제대로 쓰지 않은 사람은 없다. 연장이 좋아졌다고 그 사람이 좋은 목수가 되는 것은 아니지만, 좋은 목수는 좋은 연장을 만들기 위해 노력한다.

chapter 18

빚의 탄생과 현재,
그리고 미래

빚은 왜 생기는 것일까?

금융위기의 원인을 보면 모두 빚이다. 빚은 왜 생기는 것일까? 옛날이나 지금이나 빚을 지는 이유는 비슷하다. 사업을 하거나, 집을 사거나 자동차를 사거나 몸이 아파 병원비를 내기 위해서, 또는 옷이나 생활용품을 사기 위해서 빚을 내는 경우가 있다.

꼭 이런 빚이 아니라도 남한테 신세를 지면 갚아야 하는 부담을 갖는다. 결혼하면 더욱 신세 진 사람이 생기는데 바로 경조사비이다. 내 결혼식과 아이들 돌잔치 때 온 사람들에게 빚을 갚아야 한다.

제주도 결혼식장에는 축의금을 내는 곳이 없다. 당사자에게 봉투를 직접 건네주기 때문이다. 나는 처음 제주에 왔을 때 아는 사람 결혼식에 갔다가 봉투 넣는 함을 찾지 못해서 그냥 왔던 기억이 있다. 육지에서는 보통 입구에서 축의금 봉투를 내고 식권을 받는데, 제주도는 친구에게 직접 축의금을 주니까 조금은 민망하기도 했다.

육지는 수익부담의 원리이다. 부모님이 결혼식 비용을 지출하니까 부모님께 드려야 한다. 그런데 제주도는 나중에 내 경조사에 올 사람은 부모님이 아니라 친구라는 개념으로 친구에게 준다. 이것이 빚의 논리이다. 갚을 사람에게 빌려주는 것이다.

경조사처럼 우리 일상에서 생기는 빚들이 참 많다. 은행에서 빌린 돈만 빚으로 생각하는 사람들이 많은데, 나중에 갚아야 할 것들은 모두 빚이다. 가령 감가상각비도 빚의 일종이다. 내가 차를 타고 있다고 해보자. 시간이 갈수록 차는 감가상각 되어서 없어진다. 그리고 10년 정도 지나면 차를 바꿔야 한다. 그런데 10년 후에는 차를 안타고 걸어다니겠다는 사람이 있을까? 아마 더 좋은 차를 타려고 할 것이다. 즉 매년 가치가 감소되는 만큼 차를 재구매할 비용에 해당하는 것이다. 이것 또한 빚인데 그냥 잊고 살아간다. 그러니 차를 재구매할 때는 할부로 구입하거나 다른 돈을 끌어와서 사야 하는 상황이 생긴다.

빚을 권하는 사회

요즘은 주변에서 빚을 자꾸 권하기도 한다. 빚이 많은 사람이 능력이 있어 보인다. 은행에서도 예금 많은 사람보다 빚 많은 사람이 대접을 받는 세상이다. 자본주의 발달의 폐해인데, 그러다 보니 빚을 무서워하지 않는 사회가 되어 버렸다.

인간에게 빚이 없던 시절은 없었지만 중세까지 부채는 죄와 동일하게 취급했고 돈놀이를 하는 고리대금업자들은 사형집행인과 함께 가장 나쁜 인간으로 취급받았다. 그래서 유럽 귀족과 부유층을 위해 금융 거래를 대신해줄 사람들이 필요했으며 유대인들이 그것을 담당하게 되었다. 그래서 유대인들이 지금의 금융시장을 주도하게 된 것이다.

자본주의가 발달한 미국은 신용사회라고 하는데 신용이 없으면 아무 것도 못하는 나라이다. 그런데 신용이 높으면 좋은가? 신용이라는 물건은 어디에 쓰는 물건일까? 결국 빚을 내라는 것이다. 신용이 높아서 혜택을 받을 수 있는 것은 남의 돈을 싸게 빌릴 수 있는 장점밖에 없다.

화폐와 금융은 빚을 만들어 내는 어머니와 같다. 로마제국이 멸망한 첫 번째 원인도 빚이었다. 로마를 유지하는 데 막대한 경비가 들어갔는데, 다른 나라를 약탈해서 이 비용을 충당하다가 이제 이 약탈해 올 귀금속이 줄어들자 화폐를 조작하기 시작한 것이다. 은화에 은은 조금만 넣고 나머지를 구리로 채워 버렸다. 요즘 미국이나 여러 나라를 보면 로마 스타일이라는 생각이 든다.

빚, 어느 정도가 적당한가?

좋은 빚도 있다고 말하는 사람도 있다. 그러나 좋은 빚이라고 해도 과다한 차입금은 나쁜 빚이 될 가능성이 높다. 나는 어느 정도의 빚이 적정한지에 대해 오랫동안 천착해 왔는데, 큰딸 예림이가 정답을 가르쳐 주었다. 예림이가 초등학생 때 친구 혜랑이와 함께 세종대왕에 대해 영어로 인터뷰하는 시나리오를 쓰고 있었다. 나는 아닌 척하면서 둘의 대화를 주의 깊게 듣고 있었다.

> 혜랑: 네. 지금부터 세종대왕과 인터뷰를 하겠습니다. 이름이
> 　　　무엇이죠?
> 예림: 이도입니다.
> 혜랑: 자기소개를 해주십시오.
> 예림: 조선 4대 왕이고 생존 연도는 1397-1450년입니다.
> 혜랑: 이도 님은 일찍 죽었다고 합니다. 왜죠?
> 예림: 책을 너무 많이 읽어서입니다. 그래서 뭐든지 적당히 하
> 　　　는 것이 좋습니다.
> 혜랑: 셋째인데 어떻게 왕이 되었나요?
> 예림: 형님들의 양보도 있었지만 책을 많이 읽었기 때문입니다.

혜랑: 책을 많이 읽으면 좋네요. 그치만 적당히 읽는 것이 좋아요.

빚은 적당히 지는 것이 좋다. 그러면 어느 정도가 적당한 것인가?

'적당히'라는 말은 자신이 감당할 수 있어야 한다는 의미이다. 즉 갚을 수 있어야 하는데 사람들은 빚을 낼 때 갚을 수 있는 것보다 얼마나 빚을 낼 수 있는지에 대해서만 신경을 쓴다. 빚을 갚을 생각을 별로 신중하게 하지 않는 것이다.

요즘은 열심히 일해도 빚을 지는 경우가 있는 것 같다. 똑같이 월급 받아도 빚에 허덕이는 사람이 있고 돈을 모으는 사람도 있다. 예전엔 돈을 벌기 위해 일했지만 지금은 빚을 갚기 위해 일한다. 그런데 빚을 갚고 싶어도 갚기 힘든 사람들이 많은 것 같다. 너무 빚이 많아서 그런 것 같기도 하다. 사실 갚을 수 없다기보다는 갚을 생각을 강하게 안 하는 경우가 많다.

빚은 누군가는 반드시 갚아야 하는 것이다. 빚지지 않는 것이 최선이지만, 빚을 질 때는 반드시 갚아야 한다는 것을 생각하고 빌려야 한다.

chapter 19

집 팔면

살(生) 수 있다

집값 올랐다고 이익을 본 것이 아니다

A는 중소기업을 운영하고 있다. 불과 5년 전까지만 해도 20평
짜리 빌라에 세 들어 살고 있었다. 그런데 갑자기 사업이 커지면
서 연매출이 매년 두 배씩 성장했다. 자신이 정말 부자가 된 듯한
느낌이었다. A의 아내는 회사가 커진다는 생각에 집부터 좀 큰 곳
으로 옮기자고 하였다.

사실 A의 사업체는 규모가 커졌어도 계속 재투자로 돈이 들
어가 버리기 때문에 수중에 있는 돈은 겨우 몇천만 원에 불과하
였다. 그러나 앞으로 이정도 매출이 계속 성장한다면 연간 2억 원
정도의 순이익이 생길 것 같았고, 그래서 40평짜리 아파트를 1억

5천만 원에 구입하였다. 그 중 빚이 1억 원이 넘었다.

1년 후 혹시나 하고 아파트를 1억8천만 원에 내놓았는데 기적처럼 매수자가 나타났다. 1년 만에 집으로 3천만 원의 유익을 본 것이다. 물론 거래비용을 빼면 2천만 원도 안 되지만, 그는 자신감이 붙었다. 그래서 그 아파트에 겨우 1년 살고 또 50평 고급 아파트로 이사하였다. 집값은 4억 원이 넘었고 3억 원 정도의 빚이 생겼다.

한번 맛을 들이자 부동산에 강한 믿음이 생겼다. 그의 눈에는 주변에 부동산으로 돈 번 사람들만 보였다. 1년에 부동산 한 건으로 5천만 원을 남기고 판 사람들이 보이니 사업에도 부동산 투자를 시작하였다. 많은 빚을 내서 공장 건물을 짓고 또 신규 사업을 하면서 땅부터 샀다. 그의 논리는 사업이 안 되어도 땅은 남지 않느냐는 것이었다. 그의 말은 맞기도 하고 맞지 않기도 하였다. 그의 말대로 땅은 남지만 빚도 남는다는 사실을 그는 생각하지 못했다.

그런데 갑자기 사업 환경이 바뀌면서 매출이 20퍼센트가량 줄어들었다. 그렇다 하더라도 사업 규모가 아주 줄어든 것은 아니었다. 그러나 그가 받는 충격은 매출 감소보다 훨씬 컸다. 한 달에 천만 원을 벌던 사람의 수입이 7백만 원으로 줄어든다고 해도 그다지 생활이 어려워지는 것은 아니다. 그러나 한 달 이자와 원금으로 5백만 원이 나가고 있다면 이야기가 달라진다. 이자와 원금 상환이 없다면 생활비를 천만 원에서 7백만 원으로 줄이면 된다. 그러나 이자와 원금을 빼버리면 5백만원 밖에 안 남는데 이제는 2백만 원으로 줄어드는 것이다.

레버리지는 수입이 늘때 큰 효과를 가져오지만 반대로 수입이 줄어들 때는 충격이 배로 오는 법이다. 매출이 20퍼센트정도 줄어든 사실 하나만으로 그는 1년도 안되어 다시 50평짜리 아파트를 내놓았다. 그러나 문제는 아파트 거래가 안 되는 것이었다. 몇 개월이 되도록 집을 보러 오겠다는 문의조차 없었다. 처음에는 이자라도 건질 요량으로 매입가에 3천만 원 정도를 붙여서 내놓았는데 포기하고 매입가 그대로 내놓았다. 그나마 팔려야 다행인데 그 단지 아파트 열 채 중 한 채도 매매가 안 되는 상황이었다. 그는 아주 운 좋게 아파트를 팔았다. 나머지 90퍼센트의 집주인들은 이자 내는 고통으로 집값이 오르기만 목이 빠져라 기다리고 있다. 아주 운좋게 한두 채가 더 팔릴지 모르지만 가능성이 아주 낮다. 과거 구입한 가격을 손해보더라도 팔아야 했다.

우리나라 아파트 가격은 너무 거품이 끼어 있다. 그래서 언제 떨어지느냐의 문제만 남아 있다. 오른다는 전망은 없으며 정책도 너무 급격히 안 떨어지고 서서히 떨어지도록 유도하는 것일 뿐이다. 그는 다시 아파트 판 돈으로 부동산을 샀다. 아파트를 팔았지만 다시 이 돈이 부동산으로 들어가는 것이다. 주택으로 돈을 벌기 어려운 것은 이 때문이다. 내가 아파트를 아무리 이익을 남기고 팔아도 그 돈은 다시 주택을 구입하는 데 들어간다. 그러나 이미 다른 주택 값도 올라갔으므로 그냥 집을 갈아탄 것이지 이익을 본 것이 전혀 아니다.

A는 1억5천만 원 아파트를 1억8천만 원에 팔아 3천만 원을 번 것 같지만, 다시 50평 아파트 구입에 비용을 모두 지불해서 이익을 사용할 수 없었다. 이것은 이익이 아니다. 50평 아파트에서 손해를 보고 팔았으므로 오히려 그 전에 벌었던 것도 모두 까먹고 거기에 이자만 더 지불한 셈이다.

주택으로 돈을 번다는 것은 정말 하기도 힘들고 해서도 안 된다. 주택은 필수적이지만 빚을 내서 살만큼 무리해서는 결코 안된다. 또 빚이 아니라도 큰 주택을 깔고 앉는 것은 엄청난 기회비용을 수반한다. 10억 원짜리 아파트를 순수하게 자기 돈으로 구입하여 살고 있다면 연 3천만 원 정도의 기회비용을 날리고 있는 것이다.

중소기업 근로자 급여 정도를 매월 집에 투자하고 있다면 삶이 얼마나 팍팍 하겠는가? 지금 주택 구입에서 생긴 빚으로 고통을 받고 있다면 당장 주택을 팔아서 빚을 갚고 평수를 줄이거나 아니면 셋방살이부터 시작해야 한다. 그러지 않고서는 누구도 빚 문제를 해결해 주지 않는다.

정부의 하우스 푸어 정책도 결국은 정말 열심히 해도 근본적으로 해결이 안 되는 사람을 제외하고는 자산을 팔아서 갚으라는 것이다. 재산이 있는데도 팔지 않고 빚을 탕감 받는다는 것은 해서도 안 되는 일이지만 정부도 절대 지원해 주지 않는다.

주택담보대출(mortgage)의 어원을 살펴보면 '죽음의 서약'이라는 뜻이 있다. 주택을 담보로 빌린 대출을 전부 상환하면(discharge) 담보 계약은 말소된다. 이때 discharge는 감옥에서 사람이 풀려날 때도 사용되는 단어다. 대출은 감옥에 갇히는 계약이며 대출 상환은 감옥에서 풀려나는 것을 의미하는 것이다. 즉 감옥에서 풀려나려면 대출을 상환하는 수밖에 없다.

부채 신호등의 경고를 주의하라

어린이집에 다니는 아이들을 차에 태우고 집으로 오던 중이었다. 쥐띠인 다섯 살 채니는 쥐처럼 쨱쨱거리며 조잘조잘했다. 어찌나 말이 많은지 귀가 따가울 지경이고 그 말에 다 대답하려면 입까지 아파 온다. 빨간 신호등 앞에서 멈춰서 있을 때 나는 화제를 바꾸려고 딸에게 물었다.

"채니야. 빨간불일 때는 멈춰야 해, 가야 해?"

채니는 잘 알고 있다는 듯이 말했다.

"멈춰야 해요."

어린이 집에서 배운 모양이었다. 나는 다시 질문을 이어 갔다.

"그럼 초록불일 때는 멈춰야 해, 가야 해?"

"초록불일 때는 가야 해요."

"그럼 노란불일 때는 어떻게 해야 해?"

채니는 잠시 멈칫하며 생각하더니 이렇게 대답했다.

"빨리 가야 해요."

나는 터지는 웃음을 참느라 애를 쓰면서도 한편으로는 창피해 죽는 줄 알았다. 그동안 노란불에서 멈추기 위해 꽤나 노력한 것 같은데 채니 눈에는 노란불에서 더 빨리 가려고 속도를 높인 내 모습이 더 기억에 남는 모양이었다. 노란불은 정지 준비 신호이 므로 브레이크를 밟아야 한다.

신호등은 우리가 가야 할지 멈춰야 할지를 알려 주는 장치이 다. 그런데 과연 우리는 부채 신호등을 알고는 있는가? 안다면 그 신호등에 따르기는 하는가? 지금 우리나라 경제에서 가장 큰 문 제가 가계 부채이다. 노란불은 켜진 지 오래고 빨간불이 들어온 상황이다. 그런데도 우리는 더 빨리 달리려고만 하고 있다.

경제에서 노란불은 내가 갖고 있는 자산 가격이 50퍼센트 이 상 하락하거나 내 소득이 갑자기 1년 정도 끊기는 등의 최악의 경 우에 일상적인 생활이 안 될 수준의 부채가 있는 상태이다. 현재 상황에서도 빚으로 고통 받고 있는 사람들은 이미 노란불을 지나 빨간불이 켜져 있는 상황이다.

빨간불과 노란불이 켜져 있을 때는 부채를 늘리는 것을 멈추 고 빚을 줄여 나가야 한다. 당장이라도 미래에 수익성이 없는 것을 무조건 팔아야 한다. 미래 가치가 없는 부동산은 원금 생각하지 말고 주저 없이 팔아야 한다. 아파트는 작은 평수로 옮겨야 고정비가 줄어든다. 돈을 벌기 위해 빌린 빚은 감당이 가능한 수준으로 줄이고 돈을 쓰기 위해 빌린 빚은 무조건 없애야 한다.

빚을 내일로 미루는 심리는 메뚜기 떼 재앙에서 회개하지 않는 백성들과 마찬가지이다. 위기의 가계를 살리는 정공법은 구조조정이다. 50평에서 30평으로 집을 줄이고 50평에 맞춰 산 가구를 30평에 맞게 정리해야 한다. 가구와 전자제품 중 일부는 땡처리를 해야 할 수도 있다.

마찬가지로 수입이 줄어들고 빚으로 고통을 당하고 있다면 돈을 벌어 오지 못하는 불필요한 것을 버리는 수밖에 없다. 이런 경고를 무시하면 메뚜기 떼 재앙을 받을 것이다. 부채 신호등의 경고를 주의 깊게 보고 돌아서면 하나님의 은혜가 있을 것이다.

빚을 졌으면 갚을 생각부터 하라

마가복음은 예수님이 행하신 많은 이적을 기록하고 있어 '능력의 복음'이라고 불리고, 종으로서의 예수님을 묘사하고 있어 '종의 복음'으로도 불린다. 마가복음은 예수님의 행적을 시간 순이 아니라 주제별로 구성하여 예수님의 말씀이 섬기는 사역에 의하여 확증됨을 보여 준다.

인자가 온 것은 섬김을 받으려 함이 아니라 도리어 섬기려 하고 자기 목숨을 많은 사람의 대속물로 주려 함이니라 **막 10:45**

마가복음은 예수님의 비유가 다섯 번 등장하는 데 비해 예수님의 이적은 열여덟 번이나 등장한다. 이것은 예수님의 말씀보다는 그의 행동을 강조하고 있다는 것을 알려 준다. 특히 마가복음은 복음 전파에 있어 그리스도의 고난을 강조하여, 40퍼센트 이상이 예수님의 마지막 수난 주간의 이야기로 채워져 있다.

우리는 모두 예수님에게 사랑의 빚을 진 자들이다. 그러므로 이 빚을 갚기 위하여 힘써 복음을 전하고 사랑을 실천하며 선한 사업을 힘쓰는 성도들이 되어야 한다.

빚지지 말라고 강조하는 나도 아주 큰 빚이 있다. 우리 부모님께 받은 사랑의 빚이다. 부모 사랑은 내리사랑이므로 내가 받은 사랑을 우리 아이들에게 갚으며 살고 있다.

우리는 많은 사람에게 여러 가지의 빚을 지고 있다. 복음의 빚도 지고, 은혜의 빚도 지고 사랑의 빚도 걸머졌다. 우리는 이러한 빚진 자라고 하는 의무와 책임을 깨닫게 될 때에 새로운 마음의 자세를 갖고 좀 더 보람 있는 삶을 살게 된다.

약속은 신용이므로 약속을 했다면 반드시 지켜야 한다는 책임이 따른다. 이것은 부채의 속성과 일치한다. 그런데 쉽게 빌린 돈일수록 갚기가 어렵다. 갚을 방법을 신중하게 따져 보지 않고 무작정 빌렸기 때문이다. 반면 어렵게 빌리는 사람은 돈을 빌려주는 채권자가 갚을 가능성을 계속 따지기 때문에 어려운 것이다. 빌리는 과정부터 얼마나 갚을 방법을 고민하느냐에 따라 빚을 갚을 가능성이 달라진다.

복음도 빚도 은행의 빚도 우리는 모두 갚아야 한다. 그것이 얼마나 큰 빚인지 알 때 하나님의 은혜라는 빚을 갚을 수 있다.

chapter 20

돈에 끌려 다니지
않기로 했다

행복은 빚을 갚는 데 있다

나는 회계사 공부를 시작하면서 너무 큰 빚을 졌다. 당시 공무
원 생활을 했었는데 1차 시험에 합격하자 과장님은 2차 시험까지
3개월 동안 시험공부만 하도록 배려해 주셨다. 나는 회계사 시험
에 합격한 후 경험을 나누어 주려는 재능기부를 통해 내가 사회
에 진 빚을 갚으려고 하고 있다.

우리는 우리보다 먼저 이 세상을 산 사람들에게 큰 빚을 지고
있다. 직접적으로 도움을 받은 것이 아니더라도 이미 태어나는
순간 빚을 지고 태어난다. 선조들이 만들어 놓은 밥상 위에 우리
는 숟가락을 얹어서 맛있게 먹고 있기 때문에 밥상을 차려 준 그

분들에게 빚을 지고 있는 것이다.

또 하나의 큰 빚이 있다. 부모님한테 받은 사랑의 빚이다. 부모 사랑은 내리사랑이므로 내가 받은 사랑을 우리 아이들 예림, 현빈, 채니, 겸, 그리고 세상에서 가장 아름다운 작품을 내게 선물해 준 아내에게 갚으며 살아가려고 한다.

나는 형제들에게도 사랑의 빚을 지고 있다. 집이 너무 가난해서 대학은커녕 고등학교도 진학이 어려웠을 때 누나와 동생은 나를 위해 대학을 포기했다. 누나는 직장에 다니며 내 뒷바라지를 해주었고 나는 가족들의 희생 덕분에 회계사에 합격할 수 있었다.

그 후에 나는 넷째, 다섯째 동생이 대학교에 갔을 때 빚을 갚아 나갔다. 가족에게 빚을 갚으면서 알게 된 것은 행복은 빚을 지는 데에 있는 것이 아니라 빚을 갚는 데에 있다는 것이다.

우리는 모두 하나님께 사랑의 빚을 졌다

누가복음은 사복음서 중 예수님의 생애를 가장 생생하게 다룬 책이다. 누가복음은 완전한 인간이신 예수님의 행적과 고뇌에 관심을 기울였다. 그리고 그분의 생애를 시간적 순서로 그리면서 인류의 참된 구속자이심을 소개한다.

예수님은 재물 쌓는 부자를 어리석다고 하시면서(눅 12장) '청지기'에 대한 비유(눅 16장)를 말한다. 청지기는 주인에게서 위임 받은 권한을 가지고, 다른 종들을 부리는 사람이다. 주인은 청지기를 보고 "네가 보던 일을 셈하라"(눅 16:2)고 하면서 결산하자고 말한다.

모든 그리스도인의 능력은 5달란트 2달란트 1달란트로 각각 다를 수 있다. 그러나 그리스도인은 각자가 받은 능력대로 믿음직스럽게 주인에게 충성해야 한다. 우리는 언젠가 우리 삶을 결산(셈)해야 할 날이 오기 때문이다. 우리 영혼은 하나님 앞에 서게 될 때 그분이 주신 시간과 재능과 재물을 어디에다 어떻게 썼는지 회계(결산)해야 할 날이 반드시 이른다는 것이다. 그리스도인이라면 누구나 주님이 재림하시기까지 받은 자본(재능)으로 장사하여 복음을 전파하고 주의 사업을 확장시킬 의무가 있다는 것을 말해 준다.

성경은 빚 얻는 것을 엄격히 반대하지만 이와 반대로 반드시 져야 할 빚이 있다고 한다. 바로 사랑의 빚이다. 이 빚은 일방적으로 지는 빚이 아니라 서로 피차에 지는 빚이다. 왜 그리스도인들이 서로 사랑의 빚을 지면서 살아가야 할까?

빚과 선물의 차이는, 선물은 내가 받으면 그것으로 끝인데 빚은 내가 받은 다음에 반드시 되갚아야 한다는 데 있다. 그러므로 사랑의 빚을 지면 그 빚을 되갚아야 한다. 무엇보다도 우리는 하나님께 말할 수 없는 사랑의 빚을 지고 있다. 당신의 독생자를 십자가에서 죽게 하심으로 우리를 구원해 주신 사랑은 측량 자체가 불가능하다.

이처럼 우리는 하나님께, 그리고 이 세상을 살아가는 모든 사람에게 크나큰 사랑의 빚을 진 사람들이다. 이 사실을 가슴 깊이 깨달으면, 빚을 갚기 위해 사랑을 행하는 사람이 될 수 있다.

어떻게 이것이 가능할 수 있는가? 내가 다른 사람들에게 사랑의 빚을 진 것을 깨닫고 이를 갚고자 하면 사람들에게 악을 행할 수 없다. 남을 속이거나 거짓을 행하거나 도둑질을 할 수 없다. 따라서 사랑하면 사람을 향해 율법이 완성되어 간다. 그러므로 하나님을 사랑하면 하나님의 율법이 완성되어 가는 것이다.

빚을 갚는 습관을 들여라

빚은 지출 관리를 잘 못해서 발생한다. 사람들은 현재 돈 나가는 것만 지출로 생각하고 미래의 지출은 예측하지 못하는 경우가 많다. 그러나 빚은 미래에 갚아야 할 모든 것이다. 지금 그 빚 갚을 준비를 해놓지 않으면 또 다른 빚을 내야 한다.

우선 차입금통장을 만들어 적금 만기를 빚의 상환 시점에 맞춰 적립해 놓아야 한다. 신용카드 사용은 절대 반대지만 혹시나 신용카드를 사용해야 한다면 매일 사용액 만큼을 카드통장에 입금해야 한다. 사고 등의 우발채무를 대비해서 보험도 들어 놓아야 하고 먼 훗날 이야기인 노후 자금과 교육비, 결혼 자금용 통장에도 적립을 해야 한다. 지금 사용하는 자동차나 집이나 다른 시설이 있다면 재구입 비용을 적립해 놓아야 한다.

우리 가족은 이런 빚 통장이 10여 개가 넘는다. 모두 미래에 우리가 갚아야 할 빚을 위한 적금이다. 이런 통장들은 1년에 한 번 또는 2년에 한 번 정도 나가는 지출을 대비하기 위한 목적용 통장이고, 빚을 갚기 위한 빚 통장이다.

그냥 모아도 될 것 같지만, 통장에 이름표를 붙여서 적금을 들어 놓아야 하는 이유가 있다. 이름이 없으면 자꾸 다른 용도로 사용해 버린다. 현재 자동차를 가지고 있는 사람은 보통 10년 뒤에는 자동차를 구입해야 하고, 그렇다면 매년 매월 자동차 구입을 위해 돈을 모아 두어야 한다. 그런데 이름표가 없으면 왜 모았는지 모르기 때문에 급한 일이 생기면 돈을 써 버린다.

적금을 들 때 주의할 점이 있다. 첫째로 만기 설정이다. 당연히 빚을 갚기 위한 통장이니까 만기는 빚 상환 날짜에 맞춰야 한다. 둘째는 자동이체를 하는 것이다. 가끔씩 자동이체가 설정이 안 되어서 첫 월만 불입되고 나머지는 미불입되는 경우가 있으므로 자동이체가 제대로 되었는지 한달 후에 체크해 봐야 한다. 셋째로 만기 후 갱신이다. 만기된 적금으로 빚을 상환했으면 다시 똑같은 통장을 갱신해야 한다. 빚을 지는 것도 빚을 갚는 것도 습관이기 때문이다. 어떤 습관을 들일지 지혜롭게 선택하기 바란다.

40대를 위한 경제학_
노후 디자인하기

**1. 정신없이 가족을 위해 달려오고 나니
이제야 노후가 보입니다.**

40대는 경제적, 사회적 지위 면에서 인생의 절정기라 할 수 있습니다. 30대까지는 자신만을 위해서 살아왔다면 40대는 남을 위해 살기 시작하는 시기이기도 하기 때문에 '과연 내가 왜 사는가?'에 대한 인생의 의미를 생각해야 할 것 같습니다. 돈도 마찬가지로 왜 벌어야 하는지에 대해 생각해 봐야 하고요. 사실 돈은 다 쓰기 위해서 버는 것이지요. 돈을 쓰지도 않고 벌려고만 하는 사람은 참 불쌍한 사람입니다. 자신이 안 쓰더라도 자식이나 또 다른 누군가가 쓸 텐데 말입니다. 이렇게 돈이란 것은 단순히 벌기만 하는 것이 아니라 쓰는 것이 함께 계획이 되어야 한다는 것이지요.

2. 자녀 교육이 농사라고 하는데요?

우리는 전통적으로 자녀 교육을 농사라고 하였습니다. 농사는 지금 투자해서 나중에 열매를 맺는 것인데, 요즘은 이런 개념이 성립되지 않습니다. 대기업에 다니는 40대 자녀를 둔 부모가 서울에 올라와서 며칠간 있다가 고향에 내려갔는데요, '3번아, 잘 있거라. 6번은 간다'라는 메모를 남겨 놓았다고 합니다. 이게 무슨 말인가요? 아들 집에 있다 보니까 중요한 순서대로 번호가 매겨져 있더라는 것입니다. 1번은 손자 녀석이고, 2번은 며느리, 3번은 바로 아들 자신, 그리고 애완견이 4번, 가정부가 5번, 그 다음이 부모라는 것입니다. 안타깝지만 그것이 딱 지금의 현실이라는 생각이 듭니다. 과거에는 자식 농사만 잘 지으면 노후 걱정을 안 해도 됐는데 이제는 노후를 자신이 직접 준비해야 하는 시대가 되었어요. 이렇게 자녀교육 자금, 주택자금, 노후자금 등을 마련하기 위해 세우는 계획을 재무설계라고 합니다.

3. 노후는 어떻게 준비를 해야 할까요?

노후 준비에 가장 필요한 것이 무엇인지 생각해 봐야 합니다. 보험회사에서는 노후에 지금 현재의 삶을 유지하기 위해서는 어느 정도의 돈이 필요하니 연금보험을 들라는 말을 많이 합니다. 사회가 정상적이라면 국민연금이나 퇴직연금으로 노후 준비가 되어야 하는데 우리나라가 아직 그 단계가 안 되는 점이 아쉽죠. 여하튼 그렇다 하더라도 국민연금이나 개인연금으로 최소한의 생활비를 준비해야 합니다. 사람들은 최소한의 생활비 외에 좀 더 나은 삶을 생각하잖아요. 좀 더 여유 있는 삶을 위해서는 어떻게 준비를 해야 할까요? 물론 돈도 필요하겠지만, 그보다 더 중요한 것이 있을 것 같습니다. 요즘같이 저금리가 지속되는 시기에는 월급 3백만 원의 직장이 10억 원의 재산이 있는 효과를 가져오거든요. 사실 노후에 할 일이 있다는 것은 돈보다 더 중요한 의미가 있는 것 같습니다.

4. 돈을 빌려야 하는 경우도 있지 않나요?

대출이 좋은가 나쁜가에 대해서 의견이 많습니다. 빚도 자산이라는 말도 있고, 또 나쁜 빚도 있지만 좋은 빚도 있다고 합니다. 좋은 빚과 나쁜 빚을 구분할 때는 빚을 어디에 사용했는가를 가지고 판단하는 것이 더 정확합니다.

5. 나쁜 빚과 좋은 빚은 어떤 것인가요?

소비를 위한 빚과 자금 조달 비용보다 낮은 수익률을 가져오는 빚은 나쁜 빚이기 때문에 빌려서는 안 됩니다. 아쉽게도 일반 가계에 좋은 빚이 적용될 여지는 거의 없습니다. 좋은 빚이란 사업을 해서 수익을 얻는 기업에나 해당되는 이야기입니다. 자동차 구입 같은 소비성 지출은 좋은 빚이 아닙니다. 빚을 갚으려면 우선 빚을 질 수밖에 없는 환경을 바꿔야 합니다. 카드를 자르고 수입에 비해 과도한 보험이나 경조사비 등에서 욕심을 줄여야 합니다. 그리고 매월 현금을 가져오지 못하는 자산은 시세에 관계 없이 처분해서 빚을 청산해야 합니다.

6. 어떻게 좋은 빚을 관리하는 것이 좋을까요?

좋은 빚을 가지고 있는 사람들은 항상 자신의 재산에서 미래에 얼마나 돈을 벌어 오는지 확인하고 좀더 높은 수익을 가져오는 자산으로 갈아타야 합니다. 1년에 한 번 정도는 투자 포트폴리오를 재정비할 필요가 있습니다. 특히 자신이 잘 모르는 곳에 투자한 경우는 가격에 상관없이 빨리 손절매라도 해야 합니다.

7. 펀드는 어떻게 하는 건가요?

사람들이 투자하면 가장 많이 떠올리는 것이 주식과 펀드인데요, 보통 주식은 그래도 경제를 좀(?) 안다는 사람들이 하고 펀드는 전혀 경제에 문외한인 사람들이 하곤 합니다. 그런데 주식이나 펀드를 하면서도 펀드의 기본조차 모르고 하는 경우가 많습니다. 사람들은 우선 펀드와 주식의 차이부터도 헷갈리는 것 같아요. 보통 펀드는 은행에서 가입하는 경우가 많으니까 은행 상품으로 생각하기도 하거든요. 그러나 실질적으로 보면 펀드도 주식입니다. 펀드는 여러 사람의 돈을 모아서 주식 등에 투자하여 자금을 불린 다음 수익금을 나누어 주는 것입니다. 결국 주식과 펀드의 차이는 자신이 직접 하느냐 아니면 전문가에게 맡겨서 하느냐의 차이입니다.

8. 투자는 직접 하는 것이 좋은가요, 전문가에게 맡기는 것이 좋은가요?

사람들은 보통 안전하다는 이유로 펀드에 간접 투자를 하곤 합니다. 그런데 대부분 묻지마 투자(이름도 모르고, 누가 운용하는지조차도 모르고 하는 투자)를 하기 때문에 펀드도 안전하다고 볼 수 없습니다. 펀드가 설명을 들어도 좀 어렵잖아요. 그렇다 보니 증권회사나 은행 창구 직원이 추천하는 것을 가입하곤 합니다. 그래서 손실이 나면 본의 아니게 장기 투자를 합니다. 펀드는 내 돈을 다른 사람이 불려 주는 것이니까 내 돈을 맡은 기관을 잘 파악해야 하는 것이죠. 마트에서 물건을 살 때 판매직원의 말도 들어봐야 하지만, 제품을 만든 회사의 말을 들어 보는 것이 더 정확한 것과 같은 논리입니다. 실제 돈을 운용하는 자산운용사를 제대로 살펴야 하는 것이지요. 펀드를 판매하는 은행이나 증권사도 펀드에 대해서 공부는 하지만 실제 판매하는 데 필요한 정도만 아는 경우가 많아요. 그리고 한번 판매하고 나면 그 뒤에는 관리를 해주는 것도 아니고요.

9. 펀드에 들더라도 공부를 해야 한다는데 어떤 공부를 해야 하나요?

우선 내가 가입한 펀드 운용사의 운용 철학을 봐야 하죠. 이 펀드는 성장하는 회사에 주로 투자하는 펀드인지, 아니면 가치주나 배당주에 투자하는 펀드인지 운용 스타일을 체크해야죠. 일을 해도 내가 하는 것과 남에게 맡기는 방법이 있는데, 직원에게 맡겼다고 안심할 수는 없는 것과 같습니다. 내 일을 맡은 직원이나 회사의 스타일을 잘 알고 있어야 하고 얼마나 일을 잘하고 있는지 체크해야 합니다.

10. 무엇을 체크해야 하나요?

내가 가입한 펀드의 펀드매니저 능력과 성과도 살펴봐야 합니다. 성과는 단기간이 아니라 최소 3년 이상 누적 수익률을 보고 체크해야 합니다. 또 장사 잘되는 집에 가면 안전하듯이 펀드도 펀드 규모가 안정적으로 증가해야 합니다. 그만큼 믿고 맡기는 사람들이 늘어난다는 것이니까요. 그리고 투자 철학이 뭔지 봐야 합니다. 펀드의 경우에는 수수료를 줘야 합니다. 세상에 공짜가 없어요. 펀드도 그냥 드는 것이 아니라 수수료를 내고 합니다.

보통 펀드 비용은 수수료와 보수로 구분됩니다. 수수료는 펀드를 가입하거나 환매할 때 지급하는 것이고, 보수는 보유기간 중에 운용 대가로 지급하는 것입니다.

한편 수수료는 투자자가 지불하는 판매비용으로, 펀드를 가입할 때 한꺼번에 지급하는 선취판매수수료와 펀드를 환매할 때 내는 후취 판매수수료가 있습니다. 펀드 보수는 펀드 운용과 관리가 어려운 순서에 따라 높게 책정되는데, 주식형 펀드의 경우 연 1.8-3퍼센트의 보수가 부과됩니다.

또 주의할 것은 펀드 수수료는 한번만 내는 것이 아니라 매년 수수료를 내야 하기 때문에 장기 투자를 할수록 수수료가 비싸진다는 것도 유념해야 합니다. 펀드 종류에 따라 수수료가 다르기 때문에 가입 약관을 꼭 보고 되도록이면 싼 펀드(인덱스펀드 등)에 가입하는 것이 좋습니다.

돈 어떻게 벌 것인가?

이와 같이 좋은 나무마다 아름다운 열매를 맺고 못된 나무가 나쁜 열 매를 맺나니 좋은 나무가 나쁜 열매를 맺을 수 없고 못된 나무가 아름 다운 열매를 맺을 수 없느니라 / 마7:17-18

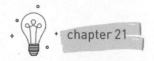

chapter 21

자라는 것

vs 살 찌는 것

성공적인 영업은 소개로 이어진다

제주에 처음 내려왔을 당시만 해도 회계사는 사무실에 앉아서 괸당(학연, 혈연, 지연 관계로 맺어진 제주도의 특수한 인적 네트워크)을 통해 찾아오는 고객을 영업하는 수준이었다. 나는 괸당이 없었으므로 영업하는 방식을 배워야만 했는데, 그러려면 멘토가 필요했다.

보험설계사가 영업의 달인이라고 판단한 나는 제주에서 제일 잘나가는 보험설계사(FC, FP 등)를 찾아갔다. 영업은 물건이나 서비스를 필요로 하는 고객에게 파는 과정인데, 보험이란 것은 필요하다고 생각하지 않는 사람들이 많았다. 그리고 보험설계사를 만나면 '절대 설득당하지 않아야지!' 하고 다짐을 하면서도 보험을 가입당하는 경우가 많다. 그렇다면 보험설계사는 고객이 필요로 하지도 않은 상품을 사게 만드는 사람들이니 얼마나 영업 능력이 뛰어나겠는가?

S생명에 찾아갔더니 입구에 '1방 3콜'이라는 문구가 크게 보였고, 책상과 사무실 벽에도 '1방 3콜' 문구가 붙어 있었다. 처음 보는 문구에 의문을 갖고 있던 나는 세금 상담이 어느 정도 마무리 될 때쯤 FC에게 물어보았다.

"1방 3콜이 무슨 뜻이죠?"

FC는 나에게 웃으면서 말했다.

"하루에 한 곳을 방문하고 세 곳에 전화하라는 말입니다. 그것이 영업의 기본이죠."

나는 FC에게 배운 것을 바로 써먹었다. 그러나 괸당이 없는 나로서는 다른 사람보다 열 배는 노력해야 했기 때문에 1방 3콜에 '0'을 붙여서 '10방 30콜'을 했다. 그리고 1년 후 척박한 제주 땅에서 최고의 회사로 올라섰다. 나는 깨달았다. 처음 고객이 회계사를 결정할 때는 회계 서비스를 구입하는 것이 아니었다. 고객들은 회계사의 관심을 구입하는 것이었다. 그래서 영업은 연애와 같다는 생각을 많이 한다.

우리 회사에서 사용하는 영업 전략 중 하나가 소개마케팅이다. 소개마케팅은 내가 만나는 사람 뒤에는 평균 2백 명이 있다고 생각하면서 그 사람을 만나고 그로부터 소개를 받는 마케팅 방식이다. 소개마케팅을 하면서 내가 작성한 것은 고객 트리(Tree)였다. 고객 트리는 보통 다단계 판매 회사에서 사용하는 방식으로 고객 네트워크를 그리는 것이다.

나는 내가 만난 사람들의 이름을 쓰고 그 사람이 소개해 준 사람 이름을 그 아래에 써서 나무처럼 그려 나갔다. 어떤 고객은 우량 고객이고 충성 고객 같은데 소개를 하지 못해 그 밑으로 가지가 뻗어 나가지 못하는 경우가 있다. 이런 고객은 우리 서비스에 만족하지 못하고 있는 경우가 많다. 자신은 관계 때문에 어쩔 수 없이 거래하지만 소개를 해주기에는 미흡한 것이다. 가족이나 친척이 음식점을 하는데 맛이 별로라면 나는 가지만 손님을 데리고 가지는 못하는 것과 같은 이치이다.

담대하게 거침없이 전하라

사도행전은 성령의 능력을 받은 사도들의 복음 증거 행적을 기록한 책이다. 즉 예수 그리스도의 복음이 사도들과 사람들에 의해서 예루살렘부터 시작하여 유대와 사마리아를 거쳐 이방 세계인 로마, 땅 끝까지 전파되는 선교 역사를 기록했다. 그래서 사도행전은 선교행전이라고도 한다. 한편 복음은 사도와 사람들에 의해 전파되었지만 이를 추진하는 주도적인 원동력은 성령님이시므로 성령행전이라고도 한다.

오직 성령이 너희에게 임하시면 너희가 권능을 받고 예루살렘과 온 유

대와 사마리아와 땅 끝까지 이르러 내 증인이 되리라 하시니라 **행 1:8**

이 말씀은 예수님이 승천하시기 직전에 제자들에게 하신 말씀으로 이는 지상 최대의 명령이다. '증인'은 예수님을 증거하는 사람으로 예수님이 구주인 것과 그를 믿을 때에 구원받는다는 사실을 전하는 사람이다. 예수님은 '증인이 되라'고 말하지 않고 '증인이 되리라'고 말씀하셨는데, 이는 복음이 제자들을 통해 성령의 권능을 받게 하여 전파하게 하려는 계획임을 암시한다.

오순절 성령강림 사건으로 초대교회가 탄생했으며, 베드로의 설교로 단번에 3천 명이 회개한 초대교회의 대사건이 발생하였다. 이렇게 예루살렘에서 시작된 복음 사역이 사마리아와 소아시아와 로마와 전 유럽으로 퍼지고 아메리카와 아시아로 전해졌다. 바울은 3차에 걸친 전도여행을 마치고 로마에 가서 담대하게 복음을 전했다.

바울이 온 이태를 자기 셋집에 머물면서 자기에게 오는 사람을 다 영

접하고 하나님의 나라를 전파하며 주 예수 그리스도에 관한 모든 것

을 담대하게 거침없이 가르치더라 **행 28:30-31**

그런데 요즘의 교회 성장에서 발생하는 문제는 열악한 교회에

다니던 성도가 시설 좋고 프로그램 좋은 대형 교회로 수평 이동한다는 것이다. 수평이동은 경제학적 용어로 '제로섬 게임'이라고 하는데 주어진 양이 일정해, 한 쪽이 이득을 보면 다른 한 쪽이 반드시 손해를 보는 게임을 말한다.

제로섬 게임을 그만두고 플러스 게임을 하라

교회 목사님한테 들으니 요즘은 큰 교회에서 부흥회나 행사가 있으면 주변 교회들이 잘 참여하지 않는다고 한다. 큰 교회에 한 번 가보면 어마어마한 시설과 편의성에 매몰되어 교인들이 그 교회로 가 버린다는 것이다. 교회도 부익부 빈익빈 현상이 뚜렷한 것 같았다.

원래 교회는 복음을 전파하는 것이 목적인데 지금의 교회는 규모를 확장시키기 위해 다른 교회 사람들을 서로 뺏고 뺏는 경쟁구도에 들어가는 경우가 많다. 미국 LA에는 한인들이 많이 사는데 거기에서 교회를 부흥시키려면 가만히만 있으면 된다고 한다. 가만히만 있어도 옆에 있는 교회들이 서로 싸우다가 망가지면 자신의 교회로 이동하기 때문에 교회가 부흥이 된다는 것이다. 교회도 자본주의처럼 탐욕에 의해 물들어 가는 것이 나의 눈에 아쉬워 보였다.

사도행전이 성장에 대해서 말하고 있듯이 경제에서도 성장은 중요한 의미이다. 교회가 부흥에 매달리는 것처럼 가정이든 기업이든 국가든 성장에 관심이 많다. 매출이 성장하는 데는 판매량을 늘리는 것과 가격을 늘리는 방법이 있다. 보통 사람들은 성장을 판매량 성장으로 생각한다. 문제는 시장에 한계가 있다는 것이다. 내가 판매량을 늘리고자 하면 다른 사람의 판매량을 줄이기 위해 남의 고객을 내 고객으로 가져오는 결과가 발생한다. 이런 제로섬 게임에서는 내가 빼앗은 시장을 다시 누군가에게 빼앗기는 약육강식의 역사가 반복된다.

우리가 추구해야 할 성장은 가치 성장에 의한 플러스 게임이다. 우리 아이들이 기저귀를 차고 있을 때 H제품의 골드가 가장 좋은 것이었는데 얼마 후에 프리미엄 제품이 나왔다. 그러자 골드 제품이 전보다 품질이 떨어져 소변이 밖으로 새었다. 우리는 골드 상품을 포기하고 몇천 원 비싼 프리미엄 제품을 구입했다. 가격을 인상하는 방식은 여러가지이지만 고객이 인정하는 가치를 잘 파악해서 그것을 가격으로 만드는 것이라는 점은 모두 같다. 결국 고객이 인정하는 가치를 잘 분석하고 알리는 것이 가격 성장의 기본이다.

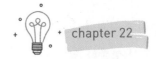

chapter 22

본업에

숟가락 하나 더 놓기

연결 경영은 본업에 충실해야 한다

내가 아주 잘 아는 법무사 사무장은 부동산 투자를 잘해서 몇 년 만에 10억 원대 재산을 모았다. 법무사 사무장의 월급은 몇백만 원도 안되기 때문에 월급만 가지고 재산을 모은다는 것은 현실적으로 어려웠다. 그에게는 고정적으로 부동산에서 나오는 수입이 있었고 그것이 사무장 월급보다 훨씬 많았기 때문에 직장을 그만두더라도 먹고 사는 데 지장이 없었다.

그래도 그는 사무장을 그만두지 않았다. 그가 부동산 투자를 잘하게 된 것은 법무사 일 때문이었던 것이다. 법무사 일을 하다 보면 부동산 등기 업무를 해주거나 법인 설립을 대행해 주는데,

좋은 부동산이나 회사가 있으면 자신이 투자해 버리는 것이었다. 또 부동산에 압류나 공매 건이 있을 경우 일시적으로 돈을 빌려주고 높은 이자를 받는 방법도 활용했다.

나도 회계사 본업에 숟가락 하나 더 놓는 방식을 선택했다. 회계사로서 쌓은 경험을 다른 사람들에게 강의하거나 방송을 하면서 강의료를 벌었고 이것을 모아서 책으로 내어 인세를 벌어들였다. 또 회계사의 경험으로 회사를 보는 눈을 얻어 투자를 하기 시작했고, 그것이 중요한 수입원이 되었다.

한 곳에서 성공이 다른 곳에서의 성공에 대한 자만을 불러온다. 성장을 위한 연결 경영은 본업과 연결이 된 분야로 이어져야 한다. 사업을 확장시키는 데 반드시 필요한 부분이다. 비용을 최소로 하면서 수익을 극대화 하는 것은 나의 핵심을 잘 보고 핵심에서 한 단계 펼쳐 나가야 한다. 많은 회사가 고객과 주주에게 가치를 전달하는 데 실패하는 주된 이유는 자사의 핵심에서 너무나 멀리 떨어져 배회하기 때문이다.

약함이 강함이다

양 한 마리가 이끄는 사자 무리보다 사자 한 마리가 이끄는 양 떼가 승리한다는 말이 있다. 고린도교회는 은사가 많은 교회로 칭찬받았지만 그 은사를 사용하는 방법에 문제가 있었다. 은사가 너무 많아서 바울파, 아볼로파, 게바(베드로)파, 그리스도파로 나눠진 것이다. 그들은 자신의 주장이 너무 강하여 다른 무리와 연합하지 못했다.

고린도전서는 고린도교회의 여러 가지 문제를 해결하기 위해 바울이 그들에게 보낸 편지다. 바울은 그들의 잘못을 지적하고 당파, 근친상간, 소송, 음행 등에 대해서 언급하며 하나님의 지혜와 십자가 복음의 능력 안에서 서로 하나가 될 것을 권면한다. 바울은 공동체 안에서 습관적으로 행해지는 죄악은 단호히 잘라내고, 이웃과의 사랑으로 관계를 세워 가라고 충고한다. 또한 영적 은사는 교회의 덕을 위해 사용해야 하며 사랑의 정신으로 행해야 할 것을 강조한다.

> 그러나 하나님께서 세상의 미련한 것들을 택하사 지혜 있는 자들을 부끄럽게 하려 하시고 세상의 약한 것들을 택하사 강한 것들을 부끄럽게 하려 하시며 하나님께서 세상의 천한 것들과 멸시 받는 것들과 없는 것들을 택하사 있는 것들을 폐하려 하시나니 **고전 1:27-28**

자랑과 교만과 분쟁과 같은 부끄러움이 많은 고린도교회에게 하나님은, 약해져서 약함을 지니라고 말씀하셨다. 교회는 세상에서 너무 강해도, 너무 유식해도, 너무 유창해도, 너무 화려해도 안 되고, 약해져서 약함을 지녀야 한다는 말씀이다. 각자의 은사로 힘을 합하여 교회를 지탱해야 한다. 교회는 한 팀이다. 선수가 관중석에 앉아 있고 코치 혼자서 싸우는 팀은 절대 승리할 수 없다.

하나님은 불가능을 가능케 하신다

수개월 전 장로님 한 분이 구역모임 때 서남아시아 학생들 이야기를 꺼내셨다. 그곳에서 선교하시는 선교사님을 통해 서남아시아 학생들 18명이 한국에 유학을 온다고 했다. 선교사님이 한국어 공부를 1년간 가르치고 그 훈련 과정을 거친 학생들을 한국에 보내는 것이었는데, 60-70년대에 어려웠던 우리나라에서 미국이나 선진국으로 유학을 갔던 학생들처럼 서남아시아의 어려운 나라에서 우리나라에 유학을 오는 것과 같았다.

장로님과 선교사님은 학생들을 통해 복음을 전파하고 그 학생들이 돌아가면 그 나라에 복음의 열매를 맺는 목표를 가지고 있었다. 학생들이 한국에 와서 기술을 배우고 학교에 다니려면 비자 문제와 체류비, 학비 등의 비용 문제가 해결되어야 하고 또 한국에 있는 동안 모든 생활을 지원해 줘야 하는데 공적인 지원은 전혀 없는 상황이었다.

장로님은 이 학생들을 위한 기도제목을 내놓으셨다. 사실 그때만 해도 큰 기업이나 제주도 차원의 지원이 없다면 불가능한 일이라고 생각했다. 학비만 해도 수천만 원에 해당하고 제주에서 체류하는 동안 생활비와 일자리, 비자 등의 문제 해결은 한두 사람의 힘으로는 어려운 일이라고 생각했다.

시간이 지나면서 장로님은 하나씩 기도에 응답 받은 내용을 나누어 주었다. 사람들은 자신이 가진 것 하나씩을 내놓기 시작했다. 집에서 쓰지 않고 방치한 이불 하나부터 숟가락 하나까지 자발적으로 내놓았고 나중에는 생활용품이 넘쳐서 반납해야 할 상황까지 왔다. 오병이어의 기적처럼 장정만 5천 명이 넘는 사람들이 배부르게 먹고도 남을 정도였다.

선교사님은 누군가 쓰라고 준 돈 1천만 원을 아껴 두었다가 학비로 보태 쓰라고 내놓았다. 선교사님은 재산이라고는 전혀 없는 분이었는데, 자신에게 전부인 그 돈을 선뜻 내놓으셨다. 성령님은 나의 마음을 움직이셨다. 나는 부족한 금액은 내가 채우고 싶다고 말씀드렸고, 하나님은 그렇게 우리를 사용하여 일하셨다.

나는 배당금으로
여행한다!

일을 했으면 성과를 내라

회계법인에서 쓰는 시계부는 고객의 이름(코드로 연결)과 일한 시간을 적는다. 내가 9시에 출근해 저녁 6시까지 일했다면 하루에 일한 고객의 코드와 고객에 투자한 시간을 적는 것이다. 처음에 회계법인에 들어가서는 일한 시간을 되도록이면 많이 적었다. 하루 종일 열심히 일을 했고, 기억해 보면 놀면서 보낸 시간은 거의 없었다. 그래서 내가 조금이라도 관여한 고객이 있다면 모두 그 고객 코드에 시간을 적었다.

그런데 선배 매니저가 나의 시계부를 보고 이렇게 말했다.

"손 회계사가 A고객에 일해 준 시간이 100시간이나 되는데 A

고객은 우리 회사에 1천만 원 밖에 주지 않아요. A고객에 손 회계 사뿐 아니라 매니저, 파트너들도 일한 시간이 있는데 이미 손 회 계사가 일한 시간만으로도 적자에요."

회계법인은 수익 비용 구조로 볼 때 대부분의 비용은 인건비 다. 인건비는 매출의 30퍼센트정도여야 하는데 내 인건비만으로 도 이미 적자인 상황이었다.

"A고객에 대해서 회사에서 할 일은 두 가지네요. 수수료를 올 리거나 아니면 손 회계사가 10시간 이내의 시간을 써 주는 것입 니다."

그런데 투입 시간을 줄이는 것도 문제가 있었다. 분명 A고객 에 100시간은 일했을 것인데 선배 매니저의 말대로 10시간을 기 록하면 나는 90시간은 놀면서 보낸 것이 된다. 100시간을 일했는 데 90시간이나 놀면서 보냈다고 하면 회사에서 연말에 인센티브 를 줄 때 반영될 것이 분명했다.

나는 내가 일한 시간을 다 기록하느냐, 아니면 줄여서 기록하 느냐에 대해 고민했다. 생각해 보니 문제는 그것이 아니었다. 중 요한 것은 효율성이었다. 100시간을 일하고 10시간으로 기록할 것이 아니라 10시간 내에 일을 하는 것이 필요했다. 회사에서는 A고객에 대해 내가 10시간이면 충분히 일할 것으로 보고 수수료 를 1천만 원으로 계약했던 것이다. 그런데 나는 경험이 부족해서 100시간이나 일을 하고 있었던 것이다.

그 후 효율적으로 일하는 것이 얼마나 중요한지 알게 되었다. 무조건 열심히 일한다는 것은 나의 시간당 인건비를 전혀 고려하지 않고 일하는 것이기 때문에 나 자산에게도 손해이지만, 회사에게는 더욱 손해가 갔다.

회사도 가게도 장사를 했으면 이익을 내야 한다. 그런데 장사를 해도 이익이 나는지 손해가 나는지 모르고 그냥 물건만 파는 가게가 많다. 돈을 버는 것 같은데 통장에 남는 것이 없다.

나무를 심을 때는 열매를 맺는 나무를 심어야 한다. 신앙생활도 마찬가지이다. 열매 없는 신앙생활은 입만 무성하고 열매도 열리지 않는 무화과나무 같은 것이다. 삶이 없는 신앙은 종교행위에 불과하다.

꾸준히 배당해 왔나 보고 투자해라

갈라디아서는 '기독교 자유의 대헌장'이라고 불리우며, 루터는 성경 중에서 본 서신을 으뜸으로 꼽으며 "나는 이 책과 결혼했다"고 말했다. 한편 로마서와 내용이 비슷하여 '짧은 로마서'라고 불리기도 한다.

갈라디아교회는 바울의 1차 전도 여행의 가장 중요한 결실이었는데 그릇된 교리로 인해 혼란 가운데 있었다. 바울은 율법의 행위로가 아니라 오직 믿음 안에서 자유를 얻게 됨을 강조한다.

또한 바울은 믿음을 통해 얻은 진정한 자유를 가지고, 사랑 안에서 서로 종노릇하며 성령의 아름다운 열매를 맺으라고 가르친다.

> 오직 성령의 열매는 사랑과 희락과 화평과 오래 참음과 자비와 양선과 충성과 온유와 절제니 이같은 것을 금지할 법이 없느니라
>
> **갈 5:22-23**

위대한 그리스도인은 위대한 은사, 재능, 능력을 가진 사람이 아니다. 진짜 성령의 사람은 성령의 열매를 맺는 사람이다. 건강한 나무는 잎만 무성한 것이 아니라 열매를 맺는 나무이다.

투자에서도 누구나 열매를 맺고 싶어 한다. 투자의 열매는 무엇일까? 부동산의 경우에는 임대료, 주식의 경우에는 배당이 진짜 열매이다. 배당이란 회사가 벌어들인 이익 중 일부를 주주들에게 나눠주는 것을 말하므로 배당금은 기업의 순이익이 진실임을 알게 해주는 지표이다.

배당은 한 해의 배당금만 보는 것보다 과거에 꾸준히 배당을 해왔고 또 배당액을 계속해서 늘려 왔는지가 중요하다. 배당을 꾸준히 하면서도 매년 배당액을 늘려 오고 시장 이자율보다 더 높은 배당 수익률을 지급한다는 것은 돈도 잘 벌고 많이 나누어 주면서도 성장까지 잘한다는 것이므로 가장 이상적인 회사의 형태이다.

한편 배당에는 현금 배당, 주식 배당, 무상 증자, 자사주 매입 등의 방식이 있다. 현금 배당은 배당금을 현금으로 지급하는 것을 말하며, 주식 배당과 무상 증자는 주식으로 배당하는 것을 말한다. 자사주 매입은 회사에서 자기 회사 주식을 매입해서 주가 상승 요인을 만드는 것을 말한다. 자사주 매입 후 소각해 버리면 회사 이익을 다른 주주에게 환원하게 되므로 배당과 같은 효과가 있다. 배당금을 지급받기 위해서는 배당 기준일에 주주명부에 기재되어 있어야 하고 연도 중에 중간배당을 하기도 한다.

내 경우 투자하는 종목들이 대부분 배당률이 높은 종목들이라서 이제는 배당금만 가지고 여행을 갈 정도가 된다. 투자 목적으로 예금을 든다면 나는 예금을 당장 깨서 배당이 높은 주식에 적금을 들라고 말하고 싶다. 주가가 전혀 오르지 않는다고 해도, 배당만 가지고도 은행 이자의 두 배를 버는 벌 수 있기 때문이다.

현금 유동성이 좋지 않고서는 은행 이자 이상의 배당을 꾸준히 할 수 없다. 나는 오직 배당 때문에 은행주나 보험주에도 투자하는 경우도 있다. 배당은 주가보다 확실한 현금 흐름을 주기 때문에 예금 대체용으로 가지고 갈 수 있다. 진정한 주주라면 배당을 보고 투자해야 한다.

배당금이 얼마나 많길래 배당금으로 한 달간 여행을 갈 수 있느냐고 궁금해 할 것이다. 답은 간단하다. 배당 받은 만큼으로만 여행하면 된다. 배당이 열매이긴 하지만 크기가 그렇게 중요한 것은 아니다.

열매가 크면 행복도 더 클 것이라고 생각하지만 그렇지 않다. 시장의 설렁탕을 한 그릇 먹으나 호텔에서 값비싼 식사를 하거나 그 결과는 배설물일 뿐이다. 호텔 식사를 한다고 향기로운 배설물이 나오겠는가? 열매를 얻기 위해서 노력해야 하지만 열매의 크기를 재며 비교하고 우쭐할 것도, 기죽을 것도 없다. 그리스도 안에서는 크기와 목적에 따라 쓰임은 다르지만 모두 다 귀하다.

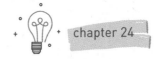

chapter 24

돈이
일하게 하라

하나님의 능력에는 한계가 없다

아버지학교에 참여했을 때다. 강사로 오신 목사님이 사람과 자연과 하나님의 능력에 대해 비교하시며 말씀하셨다.

"물병을 들어 봅시다. 사람은 참 대단한 피조물입니다. 물병을 들고 마실 수 있는 능력이 있습니다. 그런데 사람의 능력은 자연의 능력 앞에서는 무기력합니다. 사람이 물병을 들고 있는 것은 한시적입니다. 아무리 오래 들고 있어도 아마 하루를 버티지 못할 것입니다. 그런 사람의 능력에 비하면 자연의 능력은 더 강합니다. 자연은 급하지 않기 때문에 사람을 이깁니다. 쓰나미가 왔을 때 자연 앞에서 아무것도 하지 못하는 사람을 보면 노력으로 안 되는 것이 얼마나 많은지 알게 됩니다. 자연의 힘으로 물병을 안 떨어지게 하는 방법은 무엇이 있을까요? 끈에 매달아도 되고 책상 위에 놓아도 되겠지요. 그러나 자연의 힘도 영구적이지는 않습니다. 끈이 썩으면 떨어질 것이고 책상이 넘어지면 물병도 떨어질 것입니다. 시간이 조금 더 걸리겠지만 결국 떨어지고 맙니다. 중력의 법칙 때문입니다. 그렇다면 영구적으로 안 떨어지게 하는 방법은 무엇일까요? 그것은 하나님의 능력에 맡기는 것입니다. 자연의 법칙이 영향을 주지 않는 우주 공간으로 가면 안 떨어집니다. 이것이 하나님의 능력입니다."

내가 과거에 회계법인에 들어가서 놀랐던 것은 사내에서 작성되는 모든 문서가 인트라넷에 저장이 되어 있고 직원이라면 누구든지 들어가서 그 문서들을 볼 수 있었다는 점이다. 그래서 처음 들어온 인턴 직원이라도 기존의 보고서와 레터를 보고 따라하기만 하면 다른 회계법인의 3-4년차가 만드는 보고서를 만들어 낼 수 있었다.

나는 그 회사에서 개인이 아니라 회사의 역량으로 일했다. 내가 내 컨설팅 회사를 만들고 나서 신경을 썼던 것이 이것이다. 직원들이 자신의 개인적인 역량으로 일을 하는 것이 아니라 그 동안 회사가 쌓아 놓은 경험과 지식에 본인의 노력을 더하여 일하게 만드는 시스템이다. 회계법인의 지식관리시스템과 같이 업무가 가동되는 것을 목표로 회사의 역량을 축적하고 활용하는 시스템을 갖추려고 했다. 이것은 전산프로그램이 문제가 아니라 회사의 철학과 직원들의 노력이 중요했다.

자신의 능력으로 일하는 직원들은 회사의 도움을 얻는 것을 부끄럽게 생각한다. 자신이 노력해서 스스로 일해야 자신의 것이 된다고 생각한다. 그래서 회사에 보고도 하지 않고 또 회사에서 해왔던 보고서도 잘 보지 않는다. 그래서 시간도 오래 걸리고 엉뚱하게 일하는 경우가 많다.

반면 회사의 능력으로 일하는 직원은 회사의 능력을 최대한 활용한다. 자신도 노력하지만 자신의 한계를 인정하고 회사에 보고를 하고 회사에게 도움을 구한다. 어떤 직원이 일을 더 잘할까? 회사의 능력은 직원 개인이 생각하는 것보다 훨씬 더 뛰어나다. 아무리 직원 개인이 노력한다고 해도 회사의 능력을 뛰어넘기란 어렵다.

하물며 하나님의 능력은 무한하기 때문에 우리가 하나님께 의지하지 않고 우리 스스로의 능력을 의존한다면 결과는 불을 보듯 뻔하다. 내 능력은 한계가 있기 때문에 하나님의 능력에 맡겨야 한다. 내 힘으로 안될 때 주가 일하신다.

빈자는 돈을 벌기 위해 일을 하고
부자는 돈이 일하게 만든다

얼마 전 영화를 좋아하는 사람들과 만났다. 영화감독이나 배급과 관련된 일을 하는 사람들이었다. 그들은 영화를 너무 좋아하면서도 영화로 돈을 번다는 것에는 회의적이었다. 내 사촌동생도 꽤 유명한 영화감독인데 돈은 별로 없다. 흥행에 성공해도 그 돈은 전부 투자자가 가져가기 때문이었다. 그러나 그것은 자본주의에서 너무나 당연한 것이다. 돈을 벌려면 영화를 만드는 것보다 영화를 잘 만드는 사람에게 투자를 하는 것이 더 낫고 장사를 하는 것보다 장사를 잘하는 사람에게 투자를 하는 것이 더 낫다. 그런데 영화를 잘 만드는 사람이나 장사를 잘하는 사람을 찾는 것이 쉽지 않다.

다행인 것은 나를 대신해서 이런 일을 해주는 회사가 많이 있고 그중에서도 괜찮은 회사만 골라 놓은 곳이 코스피와 코스닥 시장이다. 우리는 그 회사의 주식을 사기만 하면 된다. 주식 투자는 나보다 돈도 많고 사업도 잘하는 회사가 내 돈을 가져다가 돈이 나를 위해 일하도록 만들어 주는 것이다.

신문에서 '외국인 먹튀'라는 말을 종종 볼 수 있다. 우리나라 회사가 벌어들인 이익을 외국인 투자자가 다 가져간다는 것을 부정적으로 표현한 말이다. 그러나 이것은 자본주의의 기본 원리이다. 주식회사는 주주가 주인이고 회사에서 벌어들인 이익을 주주들이 배당으로 나눠 가지는 것은 당연한 논리이다. 이런 자본주의 시대에 이자와 배당은 21세기 조공인 셈이다.

우리 아이들은 어려서부터 주식을 선물로 받아서 지금은 모두 상당한 주식을 가지고 있다. 어린이날 아이들에게 통장을 선물로 준다고 하면 그게 무슨 선물이냐고 핀잔을 놓는 부모를 본 적이 있는데, 그런 생각을 가지고 있는 부모가 자녀에게 경제 교육을 제대로 시켰을 리 없다. 우리 아이들은 용돈을 받고 용돈 기입장을 꼬박꼬박 쓰며 자기가 투자한 주식회사의 이름을 기억하고 있다. 그래서 마트에 가면 아이스크림을 사더라도 자신이 주식을 보유하고 있는 회사의 제품을 사 온다. 자연스럽게 제품에 적힌 회사 이름을 보는 습관이 생기고 어떤 회사인지 나한테 묻곤 한다.

내 자녀에게 장난감이나 다른 선물을 주는 것과 주식을 선물로 사주는 것, 시간이 지나 보면 그 차이가 분명히 나타날 것이다. 어린 자녀들에게 주식을 선물하고 그 회사와 제품에 대한 이야기를 해보라. 이것이 진정 주식 투자자의 삶이라고 생각한다. 개인적으로 주주라는 직업이 직업 사전에 등장하는 시대가 오길 기대해 본다.

우리 회사의 대표이사, 하나님

예인건축사무소 이효진 소장의 간증을 들었다. 예인건축은 예수님이 인도하시는 회사라는 의미이다. 회사이 이름처럼 이효진 소장은 하나부터 열까지 모든 것을 하나님께 맡기고 그분의 인도하심을 따르고 있었다.

나는 즉시 우리 회사의 임원을 바꾸었다. 나는 무능한 대표 자리를 내놓았다. 하나님을 대표이사로, 예수님을 관리이사로, 성령님을 영업이사로 모셨다. 그러자 삼위일체 하나님은 곧바로 일하셨다. 회계사 직무정지로 인해서 준비를 하던 중 오래 전부터 우리 회사에 대표로 오기로 되어 있었던 회계사가 갑자기 집안 문제로 오지 못하게 되었다는 연락을 받았다. 당장 전문직 자격증이 없이는 회사를 운영할 수 없는 업종이기 때문에 새로운 대표가 오지 않으면 큰일이었다. 그런데 곧바로 하나님은 다른 대표를 세워 주셨다. 나도 까마득히 잊고 있었던 다른 자격증을 통해 회계 업무를 하게 하신 것이다.

예수님도 곧바로 일하셨다. 몇 명의 직원들을 퇴사시키면서 인사 규정을 정비하게 만들고 아주 뛰어난 직원들을 회사에 보내주셨다. 이제 온 직원인데 3년을 일한 직원보다 더 일을 잘하였다. 성령님도 곧바로 성과를 내주셨다. 잊혀져 있었던 컨설팅 건들을 매일 다시 계약하게 만드셨고 모르던 사람들이 회사로 전화가 와서 수천만 원대의 컨설팅을 맡기겠다고 하셨다. 이 모든 일이 3일 동안 일어났다. 하나님은 우리에게 무한한 지혜를 주신다. 그리고 하나님은 우리를 위해 일하신다. 상상도 못한 방식으로 말이다.

나는 삼위일체 하나님께 회사를 맡긴 후부터 컨설팅을 할 때 성경책을 상담 테이블에 놓고 시작하였다. 그리고 미팅이 끝나면 미팅 상대의 이름을 기도노트에 올렸다. 또 만날 때마다 "기도하고 있습니다"라고 말하였다. 일을 하다가 내가 할 수 있는 부분과 내가 할 수 없는 부분, 즉 하나님이 일하시는 부분으로 구분하였다. 실제로 기도하면 하나님은 억울한 것은 100퍼센트 다 응답해 주셨다.

한번은 우리 교회 성도님의 1세대 1주택 비과세 건에 대해 이의신청한 적이 있는데, 서류상으로는 세무서의 과세가 정당했으나 실질적으로는 비과세 대상이었기 때문에 억울해진 상황이었다. 그런데 증거 서류가 미비해서 서류 제출이 거의 불가능했다.

우리 고문회계사는 이길 가능성이 거의 없다고 했고 우리가 작성한 이의신청서를 보고 너무 허술해서 받아들여지지 않을 것이라고 했다. 세무서에서도 반드시 세금을 내야 할 것이라고, 우리가 이길 가능성은 아주 희박하다고 했다. 그러나 나는 이 일을 놓고 기도했다. 결국 세무서에서는 이의신청 위원회조차 열지 않고 직권으로 고지했던 세금을 취소했다. 하나님은 이런 분이시다. 우리의 생각으로 그분의 생각을 안다는 것은 교만이다.

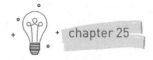

준비한 자에게

평강이 있다

반복과 준비

나는 회계사에 합격하고 회계법인에 들어가서 CEO가 되겠다는 꿈을 꾸었다. 그러나 회계법인 생활 1년 동안 내가 배운 것은 꿈을 내려놓는 법이었다. 현실적인 한계를 인정하지 않을 수 없었다. 회계법인의 CEO는 단순히 노력만으로 되는 것 같지는 않았기 때문이다.

그렇다면 길은 한 가지였다. 회계법인을 그만두고 개업을 하면 되었다. 그러나 나는 곧바로 그만두지는 않고 그로부터 5년간을 더 일했다. 나에게 회계법인에서의 5년은 CEO의 준비를 위한 시간이었다.

CEO가 되기 위한 준비라고 생각하니 업무 태도가 달라졌다. 다른 동기 회계사들이 열심히 회계 감사와 세무 컨설팅을 하는 동안 나는 사람을 만나는 일을 더 중요하게 생각했다. 회계사의 일을 소홀히 한 것은 아니지만, 모든 일은 내가 CEO가 될 것을 준비하는 과정에서 이루어졌다. 그렇게 만난 사람들한테는 매주 전화나 방문, 이메일 서비스를 통해 관계를 맺어 갔다. 다른 회계사들은 그런 나를 이해하지 못했다. 어차피 월급 똑같이 받는데 고생하면서 시키지도 않은 일을 하느냐는 눈치였다.

그렇게 5년을 보내고 나는 제주도에서 사업을 시작했다. 제주도는 나와 전혀 연고가 없는 곳이어서 고객을 만드는 일이 아주 힘들었다. 그런데 서울에서 만났던 사람들이 고객을 소개해 주기 시작했다. 군대 동기부터 학교 선후배, 친구 등 제주에 아는 사람이 한 명 정도는 있었고 그런 사람을 나에게 소개해 준 것이다. 덕분에 나는 제주에서 1년 만에 최고 자리에 오를 수 있었다.

우리는 미래를 위하여 무엇을 준비하고 있을까? '반복, 반복, 반복 … 준비, 준비, 준비.' 이것이 인생의 미래를 좌우한다.

우리는 현재에 집착하느라 미래에 대한 투자를 놓치는 경우가 많다. 감기약 같은 것이다. 사실 감기약은 감기를 낫게 해주는 게 아니라 기침이나 콧물을 멈추고 열을 낮춰 주는 것에 불과하다. 기침과 콧물은 나쁜 물질을 몸 밖으로 배출하는 것이고, 열은 바이러스를 죽이는 과정이다. 엄밀히 말해 감기약은 없는 것이 맞다.

그런데도 어린아이를 둔 부모들은 아이를 병원에 데려가도 기침과 콧물이 멈추지 않으면 병원 진료에 문제가 있다고 여겨 다른 병원으로 옮긴다. 결국 감기를 잘 낫게 해준다는 병원으로 삼삼오오 모여들게 되는데, 이 병원들은 항생제를 많이 써서 기침과 콧물을 멈추게 하는 것뿐이다. 단기적으로는 나은 것처럼 보이지만 장기적으로는 면역력을 떨어뜨려 오히려 감기에 더 잘 걸리는 체질이 되어 버린다.

이것은 단기적인 이익에 치중해 장기적인 투자를 못하고 당장 돈 되는 것만 하는 것과 같다. 이 경우 회사는 자생력을 잃어 결국 망하게 된다. 현재의 수익을 가져오는 비용보다 미래의 수익을 창출하는 자산에 투자할 줄 알아야 한다.

내가 12시에 퇴근하여 운동하고 오후 4시면 집에 들어가는 것을 알고 내 주변 사람들은 회계사가 참 시간이 많은 직업이라고 생각했다고 한다. 그러나 그들은 내가 왜 그렇게 여유 있는 생활을 할 수 있을까 궁금해 하지 않는다. 새벽에 고객도 없을 것이고 사무실에도 나오지 않고 집에서 무슨 일을 한다는 건지 모르는 사람이 들으면 의문이 들 수 있다.

나는 새벽 4시에 일어나서 미래를 위한 준비를 한다. 찬양으로 하루를 시작하여 말씀을 듣고 읽고 기도를 한다. 공부도 하고 글도 쓰고 생각도 한다. 이것이 지금의 나를 위해 내가 지금까지 해온 장기적인 투자다.

준비한 자는 평안하다

데살로니가전서는 바울의 서신 가운데 맨 처음 쓴 것으로서 제2차 전도여행 중에 있던 바울이 고린도에 머물고 있을 때, 디모데에게서 데살로니가교회의 소식을 전해 듣고 답변식으로 쓴 편지이다.

> 형제들아 때와 시기에 관하여는 너희에게 쓸 것이 없음은 주의 날
> 이 밤에 도둑같이 이를 줄을 너희 자신이 자세히 알기 때문이라
> **살전 5:1-2**

마지막 날에 대해 우리가 알고 있는 전부는 주님이 다시 오신다고 말씀하셨다는 것뿐이다. 주님은 밤에 도둑이 오는 것처럼 갑자기 오실 것이며 우리는 늘 깨어서 그분의 재림을 준비해야 한다.

주의 재림과 세상 종말에 대한 말씀은 구약에서 1,218회, 신약에서 300회로 총 1,518회나 예언되어 있다. 그러나 하나님은 우리에게 재림의 징조로 그 일반적인 시기를 알게 하여 깨어서 준비하도록 했으나 정확한 날짜와 시기는 계시해 주시지 않았다. 주의 재림은 평안하고 안전하다 생각할 때에 갑자기 오게 된다. 재림이 임박했으나 주님이 언제 오실지 알 수 없으므로 성도는 분별력을 가지고 늘 깨어 준비해야 한다. 모이기를 힘쓰고 기도해

야 하며 무엇보다 서로 사랑해야 한다.

데살로니가후서는 바울이 첫 번째 편지인 데살로니가전서를 보낸 지 몇 달 후에 쓴 것이다. 첫 번째 편지를 받고 데살로니가교회 내에 오해가 생기고 또 잘못된 가르침이 있다는 소식을 듣고, 종말론을 잘못 생각한 자들에게 시급히 교정해 줄 필요가 있었기 때문이다.

교인들은 주의 날이 벌써 임했다는 거짓 교사들의 가르침에 쉽게 미혹되고 말았다. 바울은 주의 재림을 무질서한 생활의 평계로 삼는 자들에 대해 강력한 말로 경계했다. 당시 일부 교인들은 세상 종말이 임박했다고 주장하면서 직업을 버리고 무위도식하며 게으름을 피우고 있었다. 바울은 데살로니가교회를 향해 게으른 자들을 경계할 것을 당부한다.

당시 데살로니가교회에 만연된 게으름의 문제는 잘못된 종말론 때문이었다. 그러나 종말론 신앙은 매우 건전하고 유익한 것이다. 주님이 다시 오신다는 생각을 하면 깨어있지 않을 수 없다. 알아서 정신을 차리고 남은 시간 무엇을 어떻게 해야 할지 스스로 한다.

구글에 의미 없는 영문 철자나 단어를 입력한 뒤 이를 영어로 번역하면, 성경 구절이 나타나는 경우가 종종 있다고 한다. 실제로 한 구글 번역 사용자는 개(dog)라는 단어를 20번 입력한 뒤 이를 영어로 옮겼더니 "지구 종말 시계가 자정 3분 전을 가리키고 있다. 이는 종말과 예수의 재림이 임박했음을 뜻하는 것이다"라는 문장이 나타났다고 한다. 구글 관계자는 이러한 번역 오류에 대해 "의미 없는 철자나 문장이 가끔 성경으로 번역되는 것은 초창기 인공지능이 세계인에게 익숙한 성경을 텍스트로 삼아 학습을 진행했기 때문"이라고 설명했다.

우리는 미래에 대해서 잘 알지 못한다. 가령 지진이 언제 일어날지는 아무도 모른다. 지진을 사전에 감지할 수 있는 방법은 아직 없다고 한다. 다만 두더지가 지진 반응에 민감하기 때문에 두더지의 이동으로 지진 가능성을 점친다고 한다. 그런 점에서 보면 두더지가 사람보다 낫다. 사람과 달리 하나님의 소리를 듣는 귀를 가지고 있으니 말이다.

재림은 어떤가? 재림은 반드시 오는 확실한 것이지만 그 때는 오직 하나님만이 아시기에 그날이 언제인지 정확히 안다는 사람의 말을 믿어서는 안 된다. 한편 재림이 오지 않는다고 주장하는 사람의 말도 믿어서는 안 된다. 즉 재림의 시기는 아무도 알지 못하는 불확실한 것이다. 언제 재림하시는가의 문제처럼 불확실한 것에 우리는 어떻게 대응해야 할까?

지진을 대비한 사람에게 지진은 그렇게 두려워할 일이 아니다. 마찬가지로 구원받고 재림을 준비하는 사람에게 재림은 두려워할 일이 아니다. 오히려 재림은 희망이다. 예수님의 재림은 완전한 구원이다. 그러나 구원을 모르는 사람에게는 두려움이고, 죽

chapter 25_준비한 자에게 평강이 있다

음이다. 주님이 오신다는 약속은 수 세기에 걸쳐 신자의 커다란 소망이 되어 왔다. 스위스의 신학자 에밀 브루너는 "폐에 산소가 필요한 것처럼 인간에게는 희망이 필요하다"고 말했다.

우리가 평안을 빼앗기는 이유는 준비하지 않았기 때문이다. 언제 닥칠지 모르는, 혹은 영원히 닥치지 않을지 모르는 일을 걱정하면서 살 것이 아니라 철저히 준비한 다음 그 이후의 일은 하나님께 맡기고 사는 것이 지혜로운 일이다. 준비한 자는 평안하다. 맡기는 자는 평안하다. 평안은 준비하고 맡기는 자에게 주시는 하나님의 선물이다.

성경 속

재정관리

사랑하기에도 바쁘다

베트남으로 단기 선교를 나갔었다. 집짓기, 미용 봉사와 초등학교 방문, 음식 봉사가 주요 사역이었다. 선교사님은 베트남 정부와 관계를 맺고 정부와 연계하여 집짓기 봉사를 하고 있었다. 담당 공무원이 지역별 읍사무소와 연계하여 가난한 사람을 선정하고 골조공사를 해 두면 우리는 마무리 페인트칠을 하는 것이었다.

시작 전에 먼저 선정된 가족들을 소개받았다. 고엽제 후유증을 겪고 있는 아이를 둔 가정이었고 비가 새는 천막에서 살고 있었다. 또 한 가정은 복권을 팔면서 생계를 유지했는데, 베트남에서 복권을 파는 사람은 거지보다 조금 나은 정도로밖에 보지 않

219   chapter 26_성경 속 재정관리

는다. 비가 오는 날에는 복권도 안 팔리고 물이 새는 천막에서 어린 두 아이가 비를 맞을까 걱정을 했는데 이제 그런 걱정을 하지 않아도 되어서 감사하다고 했다.

집 한 채와 송아지 한 마리, 가정용품을 주는 데 단돈 250만 원이었지만 우리가 나눈 사랑의 가치는 셈할 수가 없었다. 그들은 벌게진 얼굴로 눈물을 흘렸고 아웃리치 팀도 따라 울었다. 마음껏 울 수 있게 해준 선글라스가 고마웠다.

왜 우리가 여기에 와서 페인트칠을 할까? 왜 여기까지 와서 밥을 해야 할까? 그에 대한 답이 우리가 흘리는 눈물 안에 담겨 있었다. 우리의 목적은 집을 짓는 것이 아니라 하나님의 사랑을 세상 사람에게 전하는 것이었다. 하나님의 마음이 집짓기와 봉사로 표현되는 것이었다. '선교는 언제 하나요?'라는 질문에 대해 해답이 보였다. 우리는 살아가는 순간순간에 선교를 하고 있었다. 우리의 삶이 선교였고 선교가 있기 전에 구제가 있었던 것이다.

아웃리치는 시니어 중심이어서 60-70대 장로님 권사님이 많았다. 봉사하는 곳이 외진 곳에 있어서 버스에서 내려 한참을 걸어가야 했다. 그런데 봉사 현장에 가장 먼저 도착하는 사람은 연세가 많으신 분이셨고, 무거운 짐을 올리고 내리고 옮기는 것도 그분이 제일 앞장서 하셨다. 자칫 짜증이 날 수도 있고 서로 마음이 맞지 않아 불편할 수도 있었겠지만 그런 일은 일어나지 않았다. 이분들과의 만남이 선교의 시작이었다.

마지막 점심을 먹고 네 명의 베트남 도우미 학생들에게 장학금을 전달하고 소감을 들었다. 학생들은 하나님의 사랑을 알게 되었다고 말하면서 계속해서 눈물을 흘렸다.

서로 화내고, 다투는 데 시간을 허비할 수 없다. 사랑하기에도 바쁘기 때문이다.

하나님은 사랑이시다

요한일서는 예수의 제자인 사도 요한이 쓴 편지로서 '사랑의 편지', '진리의 변증서'라고 불린다. 이단들의 거짓된 지식을 배격하고 기독교의 참된 지식을 변증하는 과정에서, 요한은 '하나님의 사랑'과 '형제간의 사랑'을 강조했다. 이 같은 사랑이야말로 모든 이단들의 거짓된 지식을 극복할 수 있는 강력한 능력이요, 온전한 지식이라고 말했다. 죄인이었던 인간들을 향한 하나님의 사랑은, 독생자 예수를 화목 제물로 삼아 십자가에 내주기까지 하신 크신 사랑이었다.

> 하나님이 우리를 사랑하시는 사랑을 우리가 알고 믿었노니 하나님은 사랑이시라 사랑 안에 거하는 자는 하나님 안에 거하고 하나님도 그의 안에 거하시느니라 **요일 4:16**

하나님이 진정으로 사랑하는 성도는 하나님을 사랑하고, 사명을 사랑하고, 사람을 사랑한다. 이처럼 크신 사랑을 받은 우리도 하나님을 사랑하는 것이 지극하며, 그것은 믿음의 형제에 대한 사랑의 실천으로 나타나야 한다고 말한다. 이러한 사랑 안에서, 우리는 비로소 하나님과 인격적인 참된 교제를 나눌 수 있으며, 죄악된 세상과 대적하여 승리하는 삶을 살아갈 수 있는 것이다.

요한이서는 전체 사상과 내용이 요한일서와 아주 유사하기 때문에, 흔히 '요한일서의 축소판'이라고 불린다. 그래서 요한일서와 마찬가지로 사랑의 실천을 역설한 후 교회 내에 침투해 들어온 영지주의 이단에 대해 특별히 경계한다. 하나님을 사랑하고 형제를 사랑함으로써 하나님의 계명을 따라 살아가는 자들은 마땅히 진리를 왜곡하는 거짓 교사들을 경계하고 배격해야 한다.

요한은 예수님이 그리스도이심을 부인하는 '적그리스'도를 경계하기 위해, 십자가 복음에 기초한 참된 가르침의 터 위에 굳게 서라고 한다.

> 또 사랑은 이것이니 우리가 그 계명을 따라 행하는 것이요 계명은 이것이니 너희가 처음부터 들은 바와 같이 그 가운데서 행하라 하심이라
>
> **요이 1:6**

인사말을 통해 진리를 강조한 사도 요한은 교회의 성도들 가

운데서 진리 안에서 행하는 자들을 보니 심히 기쁘다며 계속해서 진리에 대해서 말씀을 하고 있다. 그리고 서로 사랑하자고 당부를 한다. 진리 안에서 행하는 자들에게 가장 중요한 것은 서로 사랑하는 것이기 때문이다. 진리를 알고 진리 안에서 행한다고 하면서 사랑하지 못하면 그것은 진리를 잘못 이해하고 잘못 행하는 것이기 때문이다.

투자는 지식으로 하는 것이 아니다

조선일보 사진기자로 활동했던 L전무는 중국 여행 때문에 독서클럽에 가입하게 되었다. 중국 여행 일행에 독서클럽 멤버가 있었는데 이분이 추천한 것이다. 그러면서 중국에 갔을 때 찍었던 사진을 보여 주었는데 그중 강 하나를 두고 배치되어 있는 상해의 신도시와 구도시의 명암을 보여 주는 사진이 눈에 들어왔다. 그분은 신도시의 휘황찬란한 야경만 찍은 사진과 신도시와 구도시가 대치되어 있는 사진을 비교하면서 진실과 사실에 대한 이야기를 하셨다.

"황포강 야경만 본다면 상해는 천지개벽한 도시라고 볼 수 있어요. 그런데 신도시와 구도시가 대치된 사진을 보면 사회 양극화가 심하다는 것을 알 수 있죠. 황포강 야경만 보여 준 사진은 사실일 수는 있지만, 진실을 모두 보여 주지는 못하는 것이죠."

L전무의 말 중에서 가장 와 닿은 말은 신문에 나오는 기사나 사진은 사실이지만, 진실이 아닌 경우가 많다고 한 것이었다.

사람들은 가끔 진실을 알지도 못하면서 단지 자기 눈에 보이는 것만으로 남을 비난하기도 한다. 그러나 진실을 알면 시각이 확 바뀔 수 있음을 명심해야 한다. 사실과 진실이 항상 같은 것은 아니다. 남에게 속는 것보다 더 힘들고 무서운 것은 자신의 무지에 속는 것이다. 자신의 눈에 속지 말고, 귀에 속지 말며, 생각에 속지 말아야 한다. 지식과 학식도, 사람 사는 이치도, 사리 판단도, 예의범절도, 아는 만큼 보이는 법이다. 그러므로 보이는 것만이 진실은 아니다.

'투자를 잘하려면 어떤 공부를 해야 할까?'라고 질문하는 사람들은 내가 얄팍한 경제 지식으로 기업과 주가의 관계를 풀어내는 것을 부러워하며, 그런 경제나 회계 지식이 투자에 절대적인 영향을 주는 것으로 오해하는 경우가 많다. 물론 경제 지식, 회계 지식, 기업 분석, 경험, 돈 등도 모두 주식 투자에 필요한 공부이다. 하지만 나는 가장 중요한 것이 인문학 공부, 즉 사람 공부라고 생각한다. 결국 모든 투자는 사람과 사람 간의 거래이므로 사람에 대해서 잘 알아야 한다.

투자를 하면 할수록 느끼는 것은 '투자는 지식을 가지고 하는 것'이 아니라는 점이다. 투자시장에서 시장 참여자의 마음을 읽고 그들의 심리를 이해하여 투자의 흐름을 통찰하는 것이 필요한

데 여기에는 인문학적 사고가 기본 체력으로 다져져 있어야 한다. 사업이나 직장에서도 모두 마찬가지이다.

나는 문학, 역사, 철학 책들을 중요하게 생각한다. 그런데 성경을 읽기 시작한 후로는 세상의 책 대신 성경만 읽는다. 세상의 모든 책을 한 권으로 엮으면 그것은 성경이기 때문이다.

우리가 순간순간 어떻게 살아가야 할지를, 무엇을 선택해야 할지를 습득하고 가르치는 것이 학문이라는 것이다. 다시 말해 학문은 인간으로서 살면서 익혀야 할 최초이자 최후의 기술이라는 의미이다. 이게 유교식 학문의 정의이다. 이것을 현대 용어로는 '인문학'이라 부른다.

그리고 인문학은 몇 가지 효용이 있다. 그 중 두 가지를 이야기해 보면, 첫째, 지금까지와는 다른 방식으로 세상을 볼 수 있게 하고, 둘째, 삶을 견디는 기술을 습득시킨다. 사실 최고의 행복은 소수의 사람들한테만 주어진 것이다. 보통 사람들은 자식의 짐이든, 자기 자신의 짐이든, 부모의 짐이든 수많은 짐을 안고 인생이란 항로를 개척해 나가야 한다. 그러자면 맷집이 튼튼해야 한다. 맷집이 약하면 쓰러진다. 인문학은 맷집을 키우는 힘을 줄 것이다. 성경은 인문학의 최고봉임을 우리는 다 알고 있다.

나는 과거에 연간 천 권의 책을 읽었다. 그런데 고전을 보니 베스트셀러가 가벼워졌다. 그래서 고전만 읽기 시작했다. 그런데 성경을 보니 고전이 가벼워졌다. 성경은 인문학의 최고봉이다. 하나님을 믿지 않는 지인이 성경을 열다섯 번 읽었다는 이야기를 들은 적이 있다. 그런데 그리스도인이 이보다 적게 읽는다면 하나님이 어떻게 생각하실까? 1년에 천 권의 독서를 하고 싶다면 그냥 성경을 읽으면 된다.

chapter 27

돈 버는

눈을 가져라

비전은 아직 보이지 않는 것을 미리 보는 것

거실에는 네 아이들의 돼지 저금통이 나란히 놓여 있다. 저금통이 모두 똑같아서 예림이는 저금통에 이름을 써놓았다.

'예림♡', '현빈♡', '채니♡', '겸♡'

어느 날 겸이가 저금통을 하나 가져와서 돈을 꺼내 달라고 했다. 겸이가 가지고 온 저금통을 보니 겸이 저금통이었다.

"겸아, 어떻게 네 저금통 찾았어?"

아직 글씨를 몰랐던 겸이가 자기 저금통을 잘 찾아 와서 의아해 하고 있는데 옆에서 예림이가 말한다.

"아빠. 겸이 눈치가 좋은 것 같아요. 다른 것은 다 두 글자인데 겸이 것은 한 글자잖아요."

그러자 겸이도 알아들었는지 '겸♡'이라고 쓰인 부분을 고사리 같은 손가락으로 가리키며 읽는다.

"손겸."

옆에 있던 예림이가 말한다.

"겸아 아니야."

그러자 겸이가 다시 이름을 가리키며 읽는다.

"겸이."

우리 막내가 글을 읽기 전이라서 볼 수 없는 것을 보는 것은 쉽지 않은 일이었다. 성경을 읽고 하나님의 뜻을 아는 것도 그렇다.

몇년 전 독일 여행 중에 숙소에서 여섯 살이던 막내 겸이가 아빠를 불렀다.

"아빠, 나 똥 쌌어요."

화장실에 다녀와서 아빠한테 뒷정리를 해달라는 말이었다. 내가 화장실로 가서 뒤처리를 해주고 있는데 겸이가 물었다.

"아빠, 똥이 영어로 뭐에요?"

나는 말했다.

"덩(dung)."

그러자 겸이가 말했다.

"아니, 덩은 한글이잖아요. 한글 말고 영어로…."

우리도 이렇다. 하나님이 말씀하고 계시는데 우리는 알지 못하는 경우가 많다. 내가 초신자였을 때 누군가가 기도를 하면 하나님의 음성을 들을 수 있다고 했다. 책에서도 보면 '기도를 하니까 하나님이 이렇게 말씀하셨다'라고 쓰는 사람들이 있어서 하나님이 오셔서 이렇게 인생에 대한 정답을 말해 주시면 좋겠다고 생각했다.

처음에 나는 영화에서나 보듯이 내 상상 속에 하나님이 구름 타고 오셔서 말씀하시는 것으로 생각했다. 그런데 기도를 해도 하나님의 음성이 안 들렸다. 하나님이 구름타고 오시지를 않는 것이었다. 그래서 사람들에게 물어보았다.

"집사님은 하나님 음성을 어떻게 들으세요?"

내가 물어본 성도들 대부분은 명확하게 말하지 못했다. 어떤 집사님은 꿈이나 환상에 나타났다고 하시는 분도 계시고 어떤 분은 상황이나 환경을 통해서 알 수 있다고 하셨다. 어떤 분은 목사님 설교를 통하여 들었다고 했다. 다 맞는 말이지만 나는 더 확실하게 하나님 음성을 듣는 방법을 알고 싶었다.

그러다가 깨달은 것이 있다. 답은 성경에 있었다. 나는 세상의 책을 많이 읽었는데, 그러다 보니 사람들과 대화하면서 인상깊었던 책의 몇몇 구절을 인용하곤 했다. 어떤 책에 어떤 내용이 있었는데, 그러니 이 상황에서는 이렇게 하면 어떻겠느냐는 식이었다. 그런데 성경을 읽는 중에 내가 갖고 있는 문제가, 고민하던 것이 말씀에 그대로 나와 있는 것이었다. 그렇게 성령님은 성경을 통하여 말씀해 주셨다.

하나님은 미래를 준비하기 위한 방법을 요한계시록에서 많이 말씀하신다. 사실 요한계시록은 어떻게 하나님 나라가 완성되어 우리에게 나타날 것인지를 보여 주는, 하나님 나라의 비전을 제시한 책이다. 즉 초대교회의 문제를 진단하고 앞으로 어떻게 나아가야 할지 미래의 희망을 제시하는 것이다.

사실 요한계시록은 성경 전체를 요약하고 정리한 책이다. 요한계시록 400구절 중 300구절이 구약 성경을 반복해서 인용하는 것을 보아도 이전의 말씀을 한 권의 책으로 정리한 것이라고 볼 수 있다.

천국에 대한 소망 없이 이 땅에서 행복하면 된다는 말은 너무 근시안적인 행복이다. 40대 이후와 노후를 생각하지 않고 지금만 행복하면 된다고 저축도 없이 인생의 설계도 없이 20대를 즐기기만 하는 사람들이 있다. 그들이 나이가 들어 가면서 얼마나 비참하게 될지는 보지 않아도 뻔한 것이다. 우리의 인생도 이 세상에서의 삶만 보는 것은 죽음 이후의 내세를 전혀 준비하지 않는 것이다. 20대의 행복만을 위해 모든 돈과 시간을 허비해 버리는 것과 마찬가지이다.

우리는 일상생활이 바쁜 나머지 우리가 어디로 가고 있는지를 잊어버리고 있는 경우가 너무나 많다. 이것보다 더 슬픈 것은 처음부터 어디로 갈지 생각해 보지 않고 길을 나선 경우가 많다는 것이다. 단 5년 후만이라도 우리가 가야 할 길이 어디인지 생각해 보아야 한다. 그리고 길을 나서도 늦지 않는다.

하나님과 잡신의 차이

한 자매는 세상의 온갖 잡신을 믿고 점을 치는 것을 좋아했다. 가장 친한 친구 중 한 명이 점쟁이일 정도였다. 이렇게 세상을 살다가 하나님의 주권적 은혜로 예수님을 믿게 되었다. 하나님을 믿게 된 가장 큰 계기는 온갖 잡신보다 하나님이 가장 세다는 것을 알게 되었기 때문이다. 불교, 유교, 무속신앙 가릴 것 없이 온갖 잡신을 믿고 용하다고 하는 점쟁이는 다 찾아다니면서 점을 보던 사람이었다. 그런데 내가 엄청나게 힘든 일이 생겼을 때 아무렇지도 않은 듯이 그것을 견뎌 내는 것을 보고 내가 믿는 하나님이 어떤 분인지 궁금해 했다고 한다. 또 점쟁이 친구에게 예수쟁이들이 오면 굿도 안 되고 점도 안 된다는 말을 들었다고 한다. 그 말을 들으니 하나님이 제일 센 것 같아서 교회에 나오게 되었다고 한다. 자매는 하나님과 잡신의 차이를 정리해서 나한테 나누어 주었다.

(1) 잡신은 과거를 주도한다

무당집에 가면 정말 과거를 잘 맞춘다. 정말 용하다 싶을 정도로 딱딱 맞춘다. 점쟁이는 우리가 자리에 앉자마자 왜 왔는지 이유를 쫙 나열한다. 찾는 이유도 단순하다. 애들 시험, 이사, 남편 바람 등의 세상적인 이유이다. 또한 결론도 정해져 있다. 사실 결론을 우리 입으로 다 말한다. 점쟁이는 우리가 말한 것을 정리해서 말해 주는 것뿐이며 우리는 우리 입으로 말한 것을 점쟁이를 통해 다시 듣고는 용하다고 말한다.

하지만 점쟁이도 미래는 모른다. 그러니 미래의 일은 설명하지 못한다. 그래서 잡신은 미래에 대한 해결책으로 굿과 부적을 권한다. 친구 중에 점쟁이한테 바람난 남편 돌아오는 처방을 받아 왔는데 그중 한 가지가 사탕을 베개 밑에 넣고 자라는 것이었다. 한 달 동안 그 사탕을 다 먹었다고 한다.

점쟁이의 처방이 그리 대단할 것이 없다. 애들은 뭐든 열심히 하면 되고, 이사는 대충 편한 날짜 몇 개 말해주면 된다. 그리고 거기서 고른다. 남편 바람은 시간이 지나가면 돌아온다. 늦둥이 애를 하나 가지라는 말 정도를 해준다.

하나님께는 당장 보이는 답이 없어 보인다. 하지만 하나님은 벌써 우리를 만드실 때 답을 가지고 만드셨다. 우리는 그 믿음 안에 기다려야 한다. 인위적이 아닌 하나님의 주권에 의해 만들어진 것에 대한 기다림이다.

(2) 잡신은 일시적이고 하나님은 영원하다.

잡신은 찾아가는 그 순간 가슴이 뚫린 것 같고 오는 발걸음도 가볍고 신난다. 그런데 집에 오는 순간 남는 것이 없다. 친구가 화가 나서 남편 카드로 금은방에서 팔찌를 시원하게 결제했다. 그런데 그때만 신이 났고 집에 오니 기분은 다시 나빠졌다. 팔찌를 살 때 그 기쁨은 한 순간뿐이었다고 했다.

그러나 하나님은 항상 변함이 없으시다. 결국 모든 답은 하나님 말씀, 즉 성경에 있다. 하나님은 한 순간이 아닌 매 순간 우리와 같이하신다. 우리는 이해가 가지 않을지라도 하나님의 주권과 계획을 믿고 순종해야 한다. 하나님의 계획은 우리의 계획보다 훨씬 높고 깊으며 훨씬 더 많은 길을 갖고 우리를 예비하시기 때문이다.

돈 버는 눈을 가져라

요한계시록에서 숫자의 상징적인 의미를 규명하는 것은 본서의 계시 내용을 분명하게 파악하게 해주며, 그 깊은 뜻을 깨닫게 해준다. 마찬가지로 경제에서도 숫자는 본질을 파악하는 도구로 사용된다.

부자가 되고 싶어 하는 사람들은 부자들이나 성공한 사람을 만나서 배우면 된다. 그러나 이것이 쉽지 않다. 가난한 소작농의 아들이었던 나도 아버지에게 가장 아쉬웠던 것이 그런 교육을 미리 받지 못한 것이었다.

그런데 운 좋게도 회계사라는 직업을 갖게 된 나는 성공한 사람들을 쉽게 만날 수 있었다. 그들은 자신의 성공담을 나에게 자세히 이야기해 주었다. 일반 사람들은 물어봐도 잘 설명해 주지도 않는 비즈니스의 본질을 회계사인 나에게는 기꺼이 이야기해 주었다. 아들한테도 하지 않는 이야기를 해주기도 했다. 자신들의 고민을 정확히 말하지 않으면 제대로 된 회계 컨설팅을 받기 어렵기 때문이다.

성공한 사람들이나 부자들은 자신들만의 성공 공식이 있다. 이것을 비즈니스 본질이라고 하는데 이 공식을 알지 못하고 피상적인 성공 이야기만 알고 있다면 얻는 것이 별로 없다. 비즈니스의 본질을 파악하기 위한 가장 객관적이고 쉬운 방법은 회계를 통해 '돈 버는 눈'을 가지는 것이다. 가령 스타벅스 같은 경우 원가구조를 보면 임차료 비중이 가장 높은데 이는 스타벅스의 중요한 전략이 입지라는 것을 알 수 있다. 회사는 중요한 곳에 돈을 많이 쓰게 되어 있기 때문에 가장 큰 숫자가 회사의 본질이 되는 것이다.

50대를 위한 경제학_
은퇴설계하기

1. 50대의 경제에 대한 가장 큰 고민이 무엇인가요?

50대는 정말 열심히 일했고 많은 것을 누린 세대지만, 지금 자식에게도 털어놓지 못하고 고민하는 문제가 있는데, 바로 부동산, 특히 아파트 대출입니다. 자녀 교육과 부동산에 전 재산을 들이느라 노후에 대비한 금융 자산이 없는 베이비 부머 세대입니다. 그런데 부동산 대출이 너무 커서 벌어서 갚긴 힘들고 집 팔아서 갚아야 하는데 집값은 떨어지니. 노후 준비가 막막한 상황이죠.

오륙도(50대 60대에 계속 회사에서 근무하면 도둑놈), 사오정(40대 50대 정년 퇴직)이란 은어들이 있습니다. 은퇴 후에 할 일이 없다는 것은 아주 심각한 사회문제입니다.

2. 은퇴 이후의 가장 불안한 것은 무엇인가요?

M 은퇴연구소에서 뽑은 5대 리스크는 ① 창업 실패 리스크, ② 금융 리스크(사기 피해, 자산구조, 인플레이션 리스크), ③ 장수 리스크(질병 위험 리스크, 건강 리스크) ④ 황혼이혼 리스크, ⑤ 자녀 리스크 입니다. 이 중에서 가장 발생 확률이 높은 것이 창업 실패 리스크 입니다.

3. 창업 실패 리스크라면 창업에 실패하는 자영업자들을 말하는가요?

우리나라 자영업자의 절반이 50대 이상 장·노년층 입니다. 자영업 창업 후 3년 내 휴·폐업 확률은 47퍼센트에 달합니다. 5대 리스크 중 가장 높은 수치입니다. 만약 은퇴자가 창업했다가 실패할 경우 창업 비용은 물론 부채까지 떠안게 되는 것이죠.

4. 창업 실패 리스크를 줄일 수 있는 방법이 있을까요?

창업보다 재취업을 노려야 합니다. 만약 창업을 한다면 기존에 직장생활을 했던 것과 연결되어 창업을 하는 것이 안전하고요. 최소 10년 이상 준비를 해야 창업에 실패하지 않겠지요. 창업 실패 리스크 다음으로 발생 가능성이 높은 것이 건강과 관련된 '장수 리스크'입니다. 50세 이후 암·심혈관·뇌혈관 질환 등 3대 중증질병에 걸릴 확률이 45퍼센트라고 합니다. 건강 관리를 소홀히 하는 사람들은 적당히 먹고 운동하라고 하면 '짧고 굵게 살겠다'고 합니다. 그런데 사실 요즘은 의학 발달로 짧고 굵게 사는 것이 마음대로 안 돼요. 과거에는 오래 사는 것이 미덕이었지만 요즘은 경제력이 바탕이 안 되면 오래 사는 것도 리스크가 되어 버립니다. 사람은 대부분 생각보다 오래 살거든요. 60세에 퇴직하고 평균수명인 80세까지 산다 해도 퇴직 후 20년의 기간을 어떻게 보낼지에 대해 은퇴 설계를 해야 하는 것입니다. 우리 어머니 말씀에 의하면 나이가 드니 세월은 잘 가지만 시간이 정말 안 간다고 그래요. 특히 병원에서 오래 살면 돈도 많이 들어가고 주변 사람들 고생시키니까 오래 사는 것도 리스크가 되어 버린 세상이죠. 한국 사람들에게 유독 많이 나타나는 것이 '자녀 리스크'인데요. 요즘은 자녀들도 취업이 안 되기 때문에 도움은 커녕 부모한테 의지만 안 해도 감사해야 하는 시절입니다. 또 결혼도 늦어지니까 성인인데도 부모하고 동거하는 비율이 29퍼센트나 됩니다. 그렇다고 주거비를 내는 것도 아니고요.

5. 황혼 이혼 리스크는 무엇인가요?

황혼 이혼 시 재산 분할을 해야 하기 때문에 각자의 노후 재정 상황이 크게 악화될 수 있습니다. "아파트를 공동명의로 바꾸고, 통장 내놔라", "남의 통장을 넘보지 마", "그게 어째서 남의 통장이냐, 우리 통장이지"라고 옥신각신하는 것입니다. 황혼 이혼보다 더 무서운 것이 연금 분할입니다. 노후 수단으로 믿고 있는 국민연금이 반토막 나는 것이죠. 연금액 중에서 결혼 기간을 계산해 절반씩 나누게 됩니다. 반면 공무원연금이나 군인·사학연금은 분할연금 자체가 없습니다. 공무원 연금이 국민연금보다 훨씬 높은데, 공무원 남편-회사원 아내가 이혼하면 고액의 공무원연금은 남편이 다 갖고 아내의 '쥐꼬리 국민연금'은 남편과 나눠야 합니다.

6. 이런 문제 어떻게 해결해야 하나요?

창업 실패 리스크는 앞서 이야기한 것처럼 재취업을 노리거나 창업 준비 기간을 늘려야 하고, 금융 사기 피해가 많으므로 고수익 보장 유혹을 떨쳐야 합니다. 중대 질병 위험은 보험 상품으로 대비하고, 황혼 이혼 위험은 신중히 결정하는 것이 대책이죠. 역시 인내가 필요합니다. 자녀 리스크는 자녀 교육비로 돈을 투자하지 말고 시간을 투자했으면 합니다.

7. 은퇴 후에 돈이 들어오는 것도 준비를 해야 할텐데요, 재취업이나 창업도 힘들다면 어떤 대비가 필요할까요?

은퇴 설계의 기본은 연금입니다. 국민연금, 퇴직연금, 개인연금을 은퇴 자산이라고 합니다. 연금만한 자식도 없죠. 앞으로 우리의 노후를 책임지는 것은 자녀가 아니라 연금이 되는 것입니다. 국민연금은 거의 전국민이 들고 있는데 국민연금이 고갈될 수도 있다는 말이 많아서 사람들이 불안해 하는 것 같습니다. 국민연금에 대한 오해가 많은데, 은퇴 자산의 핵심은 물가 상승률을 따라잡는 것입니다. 그런데 유일하게 연금 중에서 물가 상승을 보전해 주는 것이 국민연금입니다.

물가가 올라간 만큼 환산해서 연금을 주는 것이지요. 국민연금이 고갈되면 어떡하지 하는 불안감을 갖는 것은 지나친 걱정입니다. 국가가 망하면 사실 다른 금융 상품 어떤 것도 안전하지 않죠. 퇴직연금은 회사에 가입한 사람들에게 해당되는 것인데 중요한 것은 퇴사를 하더라도 퇴직금을 중간 정산해서 쓰지 않아야 한다는 것입니다. 퇴직금은 노후를 위한 것이지 지금 쓰라고 만든 것이 아니거든요. 그리고 자영업자는 퇴직연금이 없으므로 개인연금을 가입해야 합니다. 개인연금은 세금 혜택도 있으니까 국민연금과 퇴직연금으로 부족한 생활비를 개인연금으로 보충해 놓아야 합니다. 정리하면 5대 은퇴 리스크를 관리하고 국민연금, 퇴직연금, 개인연금으로 은퇴 자산을 만들어서 행복한 노후를 준비했으면 합니다.

60대를 위한 경제학_
보장자산과 상속 증여 알아보기

1. 60대의 고민은 무엇일까요?

가장 큰 고민은 노후 준비 자금인 것 같습니다. 신체적인 건강(탈모, 노후 준비 등)에 대한 고민도 많고요. 그중 빼먹을 수 없는 것이 자식 걱정입니다. 자식은 있어도 고민이고 없어도 고민인 것 같아요. 모 탤런트가 그러더라고요. 자식이 있더라도 나이가 들면 외롭기는 마찬가지인 것 같다고요. 오히려 자식이 있으면 배신을 당하기 쉬워 힘들기까지 하다더군요. 솔로도 외롭지만, 가족이 많은 사람들도 외로운 것은 마찬가지인 것 같아요. '같이'를 기대했는데 배신감이 생기면 더 나쁘잖아요. 가족이 많으면 서로 부딪치면서 마음상하는 일이 생기니까 외로울 일은 별로 없는데 힘들 때가 많을 것 같습니다. 사실 폭탄과 같죠.

2. 솔로일 때 가장 힘든 것은 무엇일까요?

몸이 아플 때가 아닐까요? 아플 때 혼자 있으면 정말 더 외롭게 느껴지잖아요. 60대에 들어서면 잔병이 많아지니까 비참해지는 때가 많아집니다. 65세가 되면 25퍼센트가, 75세가 되면 50퍼센트, 80세가 되면 78퍼센트가 '홀로' 된다고 합니다. 미국 뉴욕은 솔로 가구가 절반 정도이고 한국도 솔로 인구가 급속히 늘고 있습니다. 홀로인 사람에게 정말 중요한 것이 건강 관리일 것 같습니다.

혼자 남는 사람에게 유난히 필요한 재테크가 간병비 마련입니다. 평균 건강수명(병 없이 사는 연령)은 71세, 평균 사망연령은 86세이니까 이 사이에 자식이나 배우자가 돌봐줄 수 없는 경우가 많거든요. 그래서 노후를 비참하게 보내지 않으려면 젊었을 때부터 '간병비 통장'을 만들어 별도 금융 자산을 마련해 두는 것이 좋습니다. 간병비를 실비로 보장해 주는 보험도 실용적이고요.

짧고 굵게 산다는 꿈도 좋지만 자신을 마지막까지 사랑하려면 현실적인 준비가 필요합니다.

3. 세대별로 필요한 보험도 정리하면 어떤 것이 있을까요?

20대는 자동차 사고나 상해사고처럼 우발적인 사고로 인한 부상과 사망이 많습니다. 그래서 상해와 관련된 보험(운전자 보험)이 필요하죠. 장기주택마련 저축보험에 가입해서 주택마련을 준비하는 것도 장기적 관점에서는 좋은 방법입니다. 30대에는 결혼과 출산 등 가정적인 부분이 많습니다. 남은 가족을 위해서 종신보험이나 정기보험, 암보험, 노후를 위한 연금보험 등을 가입하는 것이 유리합니다. 또 임신 중에는 태아보험, 출산 후에는 어린이 보험도 있고요. 40대는 스트레스와 음주, 흡연으로 인한 작은 질병에서 부터 각종 성인병, 암, 뇌졸중, 급성심근경색 등이 나타나기 시작합니다. 즉 암보험이나 실비보험에 가입해서 암, 뇌졸중, 급성심근경색, 치매에 대비하고, 병원비, 입원비 특약 담보를 추가하여 보장을 받아야할 것 같습니다.

4. 이런 실비 보험들은 나이가 들면 가입이 어렵기도 하고 보험료가 올라가는 경우가 많아서 어려운 점이 있는데, 어떻게 해야 하나요?

보험료가 부담되므로 한꺼번에 다 하기에는 어렵습니다. 그렇지만 하루라도 빨리 보험에 가입하는 것이 더 좋은 보장을 받을 수 있고, 경제적인 부담도 덜 수 있습니다. 노자는 '무슨 일이든지 그 일이 터지기 전에 주의해야 한다. 터진 뒤에는 이미 때가 늦다'고 했습니다. 호미로 막을 일은 가래가 아니라 호미로 막아야 하는데 그것이 보험입니다.

5. 보험을 다 들면 좋겠지만
현재 들어가는 보험료가 부담이 됩니다.
어떤 보험을 들어야 좋을까요?

이런 보험들을 보장자산이라고 하는데요, 세상에는 공짜가 없습니다. 보험료가 같으면서 환급금이 높다는 것은 그만큼 보장 수준이 낮다는 의미고, 반대로 적은 금액에 동일한 보장을 해준다면 환급금이 없는 소멸형 보험을 우선적으로 선택해야 합니다. 그만큼 보험료가 저렴하거든요. 보험을 들 때는 환급금을 생각하지 말라는 것입니다. 특히 많이 발생하는 질병에 대해 보험을 가입하는 것이 유리합니다.

6. 많이 발생하는 질병은 어떤 것인가요?

3대 질환이 있는데요. 한국인의 사망 원인을 보면 전체 사망자 중 절반이 암(1위:40.1퍼센트), 뇌혈관질환(2위:12.5퍼센트), 심장질환(3위:7.9퍼센트)의 3대 질병으로 인해 사망한다고 합니다. 특히 가족 중에 3대 질병의 병력이 있는 경우에는 특히 신경을 써야 하는데요. 이런 치명적인 질병을 집중적으로 보장하는 상품이 CI보험(Critical illness)입니다. 이런 질병은 목숨까지 위협하는 경우가 많고, 남아 있는 가족들도 힘들게 합니다. 남겨진 가족을 위한 보험이 사망보험인데요, 보장의 필요성을 두고 보면 사망보험금은 자녀 교육자금이나 결혼 자금, 은퇴자금 등을 고려할 때 상당히 큰 금액이 필요합니다. 그런데 어떤 보험보다 보험료가 비싸다는 점이 문제이므로 미리 준비해야 합니다.

7. 60대 이후에는 상속이나 증여에 대한 고민도 있는데요?

통계적으로 부모가 자녀에게 재산을 물려주는 데 가장 큰 고민은 세금 문제라고 합니다. 그래서 젊은 사람들이 저한테 와서 부모님한테 재산을 증여 받고 싶은데 상속증여세를 절감할 수 있는 전략을 요청하는 경우가 많습니다.

8. 상속세나 증여세 세금이 얼마나 부담이 되는 세금인가요?

재산이 10억 원 이하인 사람들은 상속세 걱정은 하지 않아도 되지만 사전 증여를 하는 경우에는 일정 금액을 공제한 후 세금을 내야 합니다. 최고 세율이 50퍼센트나 되니까 재산이 많으면 절반 가량이 세금으로 나간다고 봐야 합니다.

상속은 부모님이 사망해서 재산을 물려받는 것(피상속인, 상속인)이고 증여는 부모님이 살아계신 상태에서 재산을 물려받는 것입니다.

상속재산은 부동산이나 재고자산인데, 세금은 현금으로 내야 하니까 결국 부동산이나 재고자산을 팔아서 세금을 내야 하는 문제가 생기네요. 그런데 그게 생각보다 심각한 문제입니다. 회사가 상속되었다고 공장을 팔아서 세금을 낼 수는 없는 실정이기 때문에 상속세를 위한 저축이나 보험 가입 등이 필요할 수 있습니다.